옛 그림으로 떠나는 낚시 여행

옛 그림으로 떠나는 낚시 여행

2013년 6월 24일 1판 1쇄 찍음
2013년 7월 3일 1판 1쇄 펴냄

지은이　　안국진
펴낸이　　손택수
편집　　　이호석, 하선정, 임아진
디자인　　디자인텔
관리·영업　김태일, 이용희

펴낸곳　　(주)실천문학
등록　　　10-1221호(1995.10.26.)
주소　　　우121-839, 서울시 마포구 서교동 478-3 동궁빌딩 501호
전화　　　322-2161~5
팩스　　　322-2166
홈페이지　www.silcheon.com

ⓒ 안국진, 2013

ISBN 978-89-98949-04-4 03600

이 책 내용의 전부 또는 일부를 재사용하려면
반드시 저작권자와 실천문학사 양측의 동의를 받아야 합니다.

'책 읽는 오두막'은 실천문학사의 교양 에세이 전문 브랜드입니다.

이 도서의 국립중앙도서관 출판시도서목록(CIP)은 서지정보유통지원시스템 홈페이지(http://seoji.nl.go.kr)와
국가자료공동목록시스템(http://www.nl.go.kr/kolisnet)에서 이용하실 수 있습니다.
(CIP제어번호: CIP2013009476)

옛 그림으로 떠나는
낚시 여행

안국진 지음

책읽는
오두막

추천의 글

무릇 잘 뜬 청국장은 놋그릇보다는 뚝배기에 담아 펄펄 끓여야 제 맛과 향을 내는 것이고, 그것을 취하는 사람은 펄펄 끓다가 시간을 두고 은근히 잦아드는 것을 시시때때로 음미하면서 숟가락질을 해야 그 깊은 맛과 향에 취할 수 있는 법이다.

그리고 뚝배기 청국장은 처음 한 번은 냄새가 향기롭지 못하여 깊은 맛을 느낄 수가 없으나 자주 접하다 보면 그 은근하고 깊은 맛과 향에 그만 취하고 만다.

이 책의 글이 그렇다.

그림과 시와 사료史料가 아주 농익고 잘 삭혀 담겨져 있는데 단숨에 읽으려니 그 맛과 깊이가 와 닿지를 않는다. 그러나 절반쯤 읽어가다 보면 자신도 모르게 다시금 첫 장으로 돌아가서 그 맛과 향을 음미하면서 읽게 되고 만다.

이것이 『옛 그림으로 떠나는 낚시 여행』을 서너 차례 반복하여 읽고 난 본인의 소감이다.

저자로부터 또 출판사로부터 추천의 글 부탁을 받고 적잖이 어려움을 느꼈다.

그도 그럴 것이 이 책의 글은 낚시와 관련한 내용이긴 하더라도 한문에 능통하지 못하거나, 그림을 보는 눈이 트이지 않았거나, 시를 이해하는 식견이 없거나, 역사적 사실에 문외한이거나, 마지막으로는 고대와 근대의 낚시이론에 정통하지 못하고는 함부로 표현할 수 없는 수준 높은 내용으로 꽉 차 있기 때문이다.

모두 다 읽고 나서 돌이켜 정리해 보면 낚시 하나로 역사를 정리하고, 예술을 정리하고, 문학을 정리하고, 참된 삶의 철학까지 정리하였다. 실로 가슴이 벅차오른다.

저자 안국진은 어떻게 이런 방대한 자료를 모아서 그 속에 들어 있는 속내를 이리도 잘 삭혀 표현해 냈을까?

낚시에 녹아 있는 운치韻致와 풍류風流.

이것을 도외시한 낚시는 낚시가 아니라 그물잡이와 같은 것이다.

따라서 스스로가 낚시인임을 자랑하려거든 필히 이 책을 곁에 두고 읽고 또 읽어서 지知와 예(藝, 禮)와 덕德 그리고 조정釣情을 쌓아야 할 일이다.

  낚시의 멋과 정취를 취하고 조락무극釣樂無極 즉, 낚시하는 즐거움을 만끽하고 싶은 모든 이들에게 꼭 이 책을 손 닿는 곳 가까이에 두라 권하고 싶다.

2013년 6월 우거에서

평산 송 귀 섭

시작하는 글

　감상鑑賞이란 주로 예술작품을 즐기고 평가한다는 말이다. 이때 감鑑이란 거울을 뜻하는데, 자전에는 큰 그릇이다, 이것으로 달에 있는 밝은 물을 취한다以鑑取明水於月 했다. 그만큼 꼼꼼하게 살핀다는 말이고, 상賞이란 문자 그대로 상을 준다賜有功也는 말이다. 좀 더 구체적으로 이야기 하면 감정흔상鑑定欣賞 즉, 거울에 비춰서 살펴보고 정하며 즐겨 구경한다는 말이 될 것이다. 그러나 그림을 보고 감정을 한다는 일은 결코 쉬운 일이 아니다. 그래서 나는 감상보다는 그냥 좋아하여 즐긴다는 완상玩賞이나 흔상欣賞이란 말을 더 자주 쓴다. 내 수준 자체가 감정의 경지에 이르지도 못했고, 단지 좋은 그림 즐기는 데 있기 때문이다.

　좋은 그림을 자주 많이 보았으면 하는 생각은 늘 가지고 있지만, 좋은 그림의 원본을 자주 보기가 어디 쉬운 일인가? 그냥 이런 저런 경로로 복사본을 구해 두고 자주 바라보며 좋아할 뿐이다. 게다가 조선의 그림은 오주석 선생의 책 제목마냥 "그림 읽기의 즐거움"을 주는 그림이 아주 많아서 더욱 고마울 따름이다.

 몇 년 전부터 시작한 일 때문에 최근에는 선조의 그림들 중에서 낚시와 관련된 그림을 주로 보고 즐겼다. 그러다 출판된 여러 글을 읽다 보니 그림을 해설하는 분들이 다들 낚시를 즐기지 않는지, 낚시와 관련된 그림만 나오면, 강태공이나 엄자릉 같은 고인들에 빗대어 억지로 그림을 해석한다는 느낌을 많이 받았다. 물론 그런 생각을 가지고 그린 그림도 많다. 그러나 모든 그림이 다 그렇지는 않다. 조선 시대의 모든 화가가 낚시꾼을 그릴 때 강태공이나 엄자릉만을 염두하고 그릴 수는 없는 일이 아닌가.

 낚시를 즐기는 낚시꾼의 입장에서 그림을 보고, 그 화가의 의중을 짐작해 보았고, 그것을 잡지에 게재하다 보니 제법 양이 늘어났

다. 그림을 그리는 후배 김은곤이 보더니 책으로 엮자는 제안을 했고, 나름대로 다듬어서 이 책을 썼다. 그러나 나 자신이 미술이나 미술평론에 전공자도 아닌데다, 관련 학계에서 연구하는 입장도 아니라서 원본을 보는 일이 무척 힘들었다. 그래서 대개는 복사본을 어렵게 구해 보고 쓴 글이다. 이 책을 통해 좋은 그림의 원본을 완상하는 기회가 더 늘어나리라는 생각을 가지고 쓴 글이니만큼, 많은 질책과 성원을 보내 주면 좋겠다. 나는 더 많은 우리 그림과 가까워지고 싶다.

원래 내 이름이 지은이라고 나오는 책을 쓰고 싶다는 생각을 한 적은 거의 없다. 공부의 수준도 수준이거니와 정말 자기주장이 많은 이 세상에 나 같은 사람의 주장 하나가 더 보태지는 것을 그다지 원하지 않았기 때문이다. 다만 한문을 좀 읽는 수준이라 좀 더 많은 시간을 공부하고 난 뒤 좋은 고전을 우리글로 옮기는 작업을 하고 싶었을 뿐이다. 이 책도 내가 직접 쓴 책이라 할 수 없다. 다만, 옛 화가들의 그림을 조상들의 글로 옮긴 작업의 한 가지다.

　이 책을 만드는 데는 원고를 읽어 주고 다듬어 준 후배 오계원, 곁에서 낚시에 관한 많은 조언을 한 황순규, 힘들 때 지켜 주던 김병원 형, 친구 장행규, 동생 여명헌, 이유진, 성기찬 등 많은 사람의 도움이 있었다. 발문을 써 주신 평산 송귀섭 선생님, 이진오 교수님께도 항상 감사한 마음이다. 사실 이 책의 글들은 재작년에 돌아가신 아버지를 간호하던 약 두 달 동안 거의 다 썼다. 죄송스럽고, 그립다.

수수재守愚齋에서 안국진

차례

추천의 글 – 평산 송귀섭 | 4
시작하는 글 | 7

[봄]

버드나무 아래서 쏘가리와 노닐다 | 17
– 낙파 이경윤 〈유하조어〉

골짜기 아래서 먹을거리를 마련하다 | 33
– 단원 김홍도 〈조어산수〉

자료 1 박물학자가 쓴 낚시도구에 관한 변증설 – 어구변증설 | 48

[여름]

풍진세상 잊으려 너른 바다의 맥을 짚다 | 69
– 현진 〈조어〉

배 띄워 낚시하나 물고기 물지 않고 | 83
– 관아재 조영석 〈강상조어〉

두 얼굴을 지닌 한 풍경 | 99
− 겸재 정선 〈공암층탑〉, 〈소요정〉

자료 2 실학자의 눈으로 본 낚시 − 전어지 | 115

[가을]

낚싯대로 꿈을 낚다 | 125
− 윤인걸 〈어가한면〉

찬 바위에 앉아 한 마리 걷다 | 139
− 겸재 정선 〈한암조어〉

물고기의 머릿수로 세상을 헤아리다 | 153
− 학포 이상좌 〈박주수어〉

자료 3 대문장가가 쓴 낚시의 오묘함 − 조설 | 165

[겨울]

비 갠 밤, 달 아래 홀로 앉은 낚시꾼 | 177
– 난석 방희용 〈제월독조〉

차가운 저녁 강에서 돌아갈 줄 모르고 | 189
– 겸재 정선 〈한강독조〉

강, 하늘, 저녁 그리고 눈 | 201
– 긍재 김득신 〈강천모설〉

눈 내린 찬 강에서 홀로 낚시하다 | 213
– 호생관 최북 〈한강조어〉

발문 – 이진오 부산대학교 교수 | 225

[봄]

버드나무 아래서 쏘가리와 노닐다
– 낙파 이경윤 〈유하조어〉

골짜기 아래서 먹을거리를 마련하다
– 단원 김홍도 〈조어산수〉

자료 1 박물학자가 쓴 낚시도구에 관한 변증설
– 어구변증설

春春春春春春春春春春春春春
春春春春春春春春春春春春春
春春春春春春春春春春春春春
春春春春春春春春春春春春春
春春春春春春春春春春春春春
春春春春春春春春春春春春春
春春春春春春春春春春春春春
春春春春春春春春春春春春春
春春春春春春春春春春春春春
春春春春春春春春春春春春春
春春春春春春春春春春春春春
春春春春春春春春春春春春春
春春春春春春春春春春春春春
春春春春春春春春春春春春春
春春春春春春春春春春春春春
春春春春春春春春春春春春春
春春春春春春春春春春春春春

버드나무 아래서 쏘가리와 노닐다

낙파駱坡 이경윤李慶胤 〈유하조어柳下釣魚〉

강 위에 다시 무엇이 있기에, 江上復何有
청청하게 버드나무 늘어져 있나. 靑靑楊柳垂
늘어진 버드나무 그늘 가에서, 垂柳綠陰邊
낚시꾼은 낚싯줄을 잡았네. 漁翁把釣絲
물고기 다투어 낚싯대로 오르니, 鱗鱗爭上竿
쏘가리가 바로 살찌는 때네. 鱖魚時正肥
— 박민朴敏, 「강상江上」

비단옷 입은 물고기

 노란색 바탕에 검은색 표범 무늬, 배 안쪽으로 진주빛이 감도는 쏘가리는 그 이름이 주는 강한 느낌과는 다르게 누가 봐도 참으로 잘생긴 물고기다.

 예로부터 '비단으로 된 비늘을 가진 물고기'라 하여 금린어錦鱗魚라고 불린 쏘가리는 '천자가 즐기던 음식'이어서 천자어天子魚라고도 했다. 명나라 사신 동규봉董圭峯이 쏘가리를 먹어 보고 맛이 좋아 통역관에게 이름을 물었는데, 그때 얼결에 생김새대로 '금린어'라고 대답한 것이 이름으로 굳었다. 한자로는 궐鱖, 수돈水豚, 궐돈鱖豚, 금문어錦文魚라고도 하는데, 옛사람들은 쏘가리의 궐 자가 천자가 사는 궁궐의 궐闕 자와 소리가 같아서 '입궐하라'는 뜻을 담아 자주 그림의 소재로 삼기도 하였다.

 중국에도 궐어鱖魚가 있지만 한국의 쏘가리와는 다르다. 한국의 쏘가리는 무늬까지 있어서 중국인들은 반궐斑鱖 또는 전반궐錢斑鱖이라 불렀다. 반궐은 중국의 북동부와 동부 일부에도 서식하고 있는데 이는 우리 민족의 거주지와도 상당 부분 일치한다.

 쏘가리 중에는 한강의 황쏘가리처럼 희귀하여 천연기념물로 등

록된 것도 있고 그 색이 흰색에 가까워 신비감을 주는 놈도 있다. 압록강에도 희귀 변종이 있는데 중국인들은 그것을 보호 어종으로 등록하여 관리하고 있다.

쏘가리라는 우리말 이름은 쏘가리의 '쏘다'에서 나왔다. 쏘가리는 돌무더기 아래나 굴속에 있기 때문에 어릴 적 냇가에서 다슬기를 줍거나 반두(양쪽 끝에 가늘고 긴 막대로 손잡이를 댄, 물고기를 잡는 그물)로 민물고기를 잡아 본 사람이라면 쏘가리에게 톡 쏘여 본 경험도 있을 것이다. 등짝에만 12개의 독가시가 있고, 가슴과 배에도 각각 2개씩 더 있다. 그뿐 아니라 이빨은 날카롭고 아가미에는 면도날같이 예리한 침까지 있어 물렸다가는 큰 상처를 입을 수도 있다. 하지만 독성은 가시에만 있고, 이빨과 아가미는 날카롭기만 할 뿐 독성은 없다. 맨손으로 잡는 건 주의해야 하지만 일단 녀석을 손으로 건드려 보기라도 했다면 상당히 날랜 사람이라 할 수 있다. 쏘가리는 순간 최대 속도를 초속 2미터 이상도 낼 수 있기 때문이다.

쏘가리는 우리나라의 강이나 호수에 서식하는 대표적인 육식어종이다. 언젠가 낚시를 갔다가 40센티미터 크기의 쏘가리 한 마리와 50센티미터가 넘는 배스 두 마리를 낚아 한 수조에 담아 둔 적이 있다. 얼핏 보면 크기와 모양새는 비슷했지만 배스가 워낙 먹성이 좋다고 알려져 이튿날 잔뜩 걱정하며 들여다보니 웬걸, 배스 두 마리는 뼈가 드러날 정도로 너덜너덜해져 있고, 쏘가리는 느긋하게 바닥에 배를 붙이고 단잠을 자는 듯했다. 과연 깡이 제대로 있는 우리의 민물 육식 어종 중 대표선수라 해도 손색이 없을 정도였다.

   그 때문일까? 쏘가리는 원기 회복에 좋고 맛 또한 일품이다. 조선 후기 팔문장(八文章, 여덟 사람의 뛰어난 한문 문장가)의 한 사람인 조구명趙龜命은 "부들 많은 곳에 쏘가리 많으니 천하의 맛"이라 감탄했으며 같은 시대를 살았던 남유용南有容 역시 "푸른 봄 파와 같이 끓여 먹으니 청신한 풍미가 뛰어나 관청의 반찬보다 낫다"라고 평했다. 또한 쏘가리는 병든 아버지가 먹고 싶다 하면 "얼음을 깨고 들어가 구해 온 물고기"이며 "회로도 먹고 구워도 먹고 삶아도 먹는데 그 맛이 다 다르며, 먹는 기쁨이 병을 낫게 하고 오랜 병이 몸에서 떠나가게 할 정도"로 오랫동안 많은 이들에게 사랑 받아온 물고기다. 허준의 『동의보감東醫寶鑑』에도 쏘가리는 허약한 것을 보하고 비위를 든든하게 한다고 했다.

〈궐어〉, 소치 허련, 18세기, 지본수묵, 22.5×24.5cm, 개인 소장

버드나무 아래서 쏘가리와 노닐다

먼 데서 큰 물이 흐르고 옆으로는 작은 물이 들어와 낚시꾼이 앉은 돌을 치고 간다. 낚시꾼 옆에는 조그만 바위가 있고 뒤에는 부러진 고사목이 기대 서 있다. 그 위로 주렴처럼 버들이 드리워졌다. 이런 지형을 낚시꾼들은 '곶부리'라고 부른다. 낚시하기 알맞게 물 안쪽으로 튀어나온 곶부리야말로 날랜 쏘가리를 낚기에는 안성맞춤이다. 여울과 소가 만나는 지점에 마치 물 위에 떠있듯 돌무더기가 솟은 자리, 적절하게 햇볕을 가려주는 능수버들까지 차양처럼 등 뒤에서 흩날리니 그야말로 천혜의 쏘가리 포인트라 할 수 있다.

영조대의 문장가인 홍양호洪良浩는 "버들강변에 낚싯줄 드리우고 쏘가리 낚는 것"이라 했고, 목은 이색의 둘째 아들인 이종학李種學은 "가느다란 버들가지 낚시터 돌 위로 늘어지니 남쪽 강에선 쏘가리 낚시할 수 있다" 했으며, 의병장 고경명의 손자인 고부천高傅川은 "버들 늘어진 앞 호수에 쏘가리 살찌는 것"이라 했으니 물고기의 서식지는 예나 지금이나 변함이 없다.

갓두루마기 걸친 낚시꾼 옷의 팔꿈치 부분이 구겨졌는지 팔이 다 드러났는데도 다시 내리지 않은 것을 보니 따뜻한 봄날인가 보다.

조선 전기 칠언율시의 대가였던 정사룡鄭士龍도 '흐르는 물에 쏘가리가 있어야 봄이 아름다운 법'이라 했다. 쏘가리는 따뜻한 물에 복숭아꽃잎이 떠다닐 때라야 더 낚을 맛이 난다. 신선들이 노니는 선계仙界에 다가간 당나라의 은자隱者 장지화張志和가 「어가자漁歌子」에서 "복사꽃 흐르는 물에 쏘가리 살찐다"라 한 이후 수많은 사람들이 복숭아꽃과 쏘가리를 같이 노래했다. 조선 후기 실학자 서유구徐有榘는 『전어지佃漁志』에서 "복숭아꽃 필 무렵 부쩍 살이 오른다"라고 했다. 아녀자의 치맛자락처럼 하늘거리는 버들가지 끝에 도화향이 함빡 묻어 있을 것만 같다. 이런 곳이 바로 무릉도원이 아닐까.

삿갓을 쓴 낚시꾼이 앉아 있는 모습이 점잖다. 옷매무새나 얼굴 생김새가 선하면서도 귀해 보인다. 사대부는 낚시를 할 때도 대충 입지 않는 법. 제아무리 더워도 옷을 다 벗어젖히지 않고, 기껏 물에 발이나 담그고 손을 씻던 이들이 바로 조선의 선비들이다. 복장이나 삿갓 하나까지 비루한 느낌은 전혀 들지 않는다.

물고기를 대함에도 정성을 다하여 복색과 행동거지 하나도 함부로 놀리지 않는다. 고사목처럼 올곧은 자세로 낚싯대에 온 정신을 모은다. 하지만 아무리 심혈을 기울여도 낚시는 마음대로 되지 않는 모양이다. 어느 순간 느긋함은 사라지고 입질이 오기만을 기다

〈유하조어도〉, 이경윤, 16세기 후반, 견본수묵, 24.9×31.2cm, 고려대학교박물관

〈유하조어도〉 부분

리는 초조함이 마른 팔을 타고 전해진다. 아직 한 마리도 잡지 못했는지 뒤쪽에 놓인 다래끼 뚜껑은 가져온 그대로 닫혀 있다. 다시 보니 조금 전 여유 만만했던 선비의 얼굴에도 슬쩍 조바심이 비친다. 적당히 노니는 게 아니라 폼 잡고 다래끼까지 들고 나왔다면 가족들에게뿐 아니라 마을 사람들의 시선을 한 몸에 받았을 터인데 이거 큰일이다. 빈손으로 돌아간다면 망신살이다. 그 마음을 읽었는지 대나무 다래끼가 좁은 주둥이를 놀리며 채근하는 것만 같다.

예전에 쏘가리를 낚으러 갈 때는 다래끼를 잘 들고 가지 않았다. 낚으면 낚는 대로 버들가지로 꿰어오는 것이 다반사였다. 쏘가리는 물 밖에서도 한 두어 시간은 잘 죽지 않는 강인한 생명력을 가졌기 때문이다. "계곡의 버들가지는 물고기 꿰기 좋은 것"인데, "버들가지로 쏘가리 꿰어오는 것"은 당연지사. 정조正祖도 "노는 고기 잡아서 버들가지에 꿰어온다"고 했다.

쏘가리 낚시는 일반적인 붕어 낚시와 달리 살아 있는 미끼를 사용한다. 미끼가 움직여야 입질을 하기 때문이다. 작은 물고기나 곤충을 주로 먹는 쏘가리는 육식성이라 낮에는 햇빛이 들지 않는 바위 그늘이나 고사목 뿌리의 굴속에 있다가 먹이를 발견하면 쏜살같이 쫓아 나온다. 하지만 대개의 육식성 동물처럼 쏘가리 역시 주로 밤에 먹이 활동을 한다. 또한 쏘가리는 원래 자기 영역을 지키는 습성이 강해서 한 곳에 한 마리밖에 살 수 없다. 어린 쏘가리도 독립성이 강해 혼자 산다.

그림을 다시 들여다보니 이번에는 버드나무가 선비의 등을 툭 치며 다래끼 대신 차라리 이 가지를 쓰라고 재촉하는 것만 같다. 낚시꾼의 동작을 보면 느긋하게 낚싯대를 드리우고 있는 것이 아니라 팔을 쭉 뻗어 적극적인 자세로 낚시를 하고 있다. 저 선비는 낮에 쏘가리 굴을 노려 낚으려는 것인데 건드리기만 하고 좀처럼 제대로 걸리지 않아 조금은 안달이 난 것이다. 원래는 오른손에 낚싯대를 들고 있다가 오랫동안 입질이 오지 않자 팔이 아파 왼손으로 낚싯대를 바꿔 들고 잠시 놀리는 사이 작은 입질이 톡톡 하고 들어온 것이다. 그러니 오른 손으로 바닥을 짚은 엉거주춤한 자세가 되었다. 물고기에게 자신의 모습을 보이지 않기 위해 약간 뒤로 물러 앉아 손을 쭉 뻗어 낚시하는 모습까지 지극히 사실적인 일을 그대로 묘사하고 있다. 화가는 분명 이런 낚시를 좋아했고 스스로도 즐겼으리라. 그렇지 않고서는 이렇게 포인트와 자세에 대해 정밀하게 하기란 쉽지 않다.

간이簡易 최립崔岦은 홍사문洪斯文이 가진 이경윤의 그림을 보고 이런 시를 썼다.

공중에다 추녀와 창을 그릴 수는 있지만, 空中兮爲軒窓
시와 술을 쌍으로 그려 낼 수야 있겠는가. 詩酒兮安能使之雙
술 항아리 들고 따라가는 모습은 볼 수 있겠지만 可見者兮隨以一缸
가득 찬 가락은 보이지 않네. 不可見者兮滿腔

이 그림에서도 이경윤은 낚시와 시심詩心을 한꺼번에 그렸다. 한호韓濩의 글씨, 최립의 문장과 함께 시를 잘 써 '송도삼절松都三絶'

이라 불리던 차천로車天輅가 '낙파(이경윤의 호)와 이별하며'란 시에서 "푸른 산은 그림 같고 또 시와 같다"더니, 낙파는 봄 개울과 시정詩情 그리고 낚시를 한꺼번에 다 화폭에 붙들어 놓았다. 청죽화사廳竹畫史를 쓴 남태응南泰膺이 "학림(이경윤의 호)의 그림은 고담(枯淡, 꾸밈이 없고 담담함) 속에도 정취情趣가 있고, 고고(高古, 세월을 초월하여 고상함) 속에도 색태(色態, 색깔의 맵시)가 있다"했는데, 바로 이 그림을 두고 말한 것 같다.

산기슭에서 학처럼 살고 싶었나

이 그림을 그린 낙파 이경윤은 임금의 친족이었다. 아버지는 조선의 제9대 국왕인 성종成宗의 증손자로, 청성군清城君에 봉해진 이걸李傑이었으며, 이경윤 자신도 학림수(鶴林守, 종친부의 정4품)를 제수받았다가 나중에 학림정鶴林正에 봉해졌다. '정正'은 정3품 당하의 품계로 왕세자의 중증손衆曾孫을 말한다.

그의 행적에 대해서는 자세히 알려진 바가 없으나 중국에 사절로 두 번 갔다 왔다고 하며 임진왜란 때 왕의 서행西行을 보좌하지 않고 산속으로 피신했다 하여 사헌부로부터 공격을 받았다고 한다. 미루어보건대 종실로서 벼슬도 했다는 말이다. 그런데 원래 조선의 왕실은 종친의 정사 간여가 금지되었다. 종친이 정사에 깊게 개입하면 꼭 시끄러운 사건이 터졌기 때문이다. 더군다나 이경윤은 '소윤' 윤원형尹元衡이 '대윤' 윤임尹任을 숙청한 을사사화乙巳士禍 때 태어났으니 어릴 적부터 종친 간의 갈등을 많이 보고 자랐을 것이다.

젊은 사내대장부가 능력도 출중한데 어찌 궐에 들어가 경륜을 펼쳐 보고 싶은 생각이 없었으랴. 어릴 적부터 보고 들은 피비린내 가득한 이야기가 몸가짐을 삼가게 했으리라. 하여 이경윤은 이런 그림을 그리면서 자신을 추스렸을 것이라 여겨진다.

쏘가리는 곧 궐鱖이다. 그것은 입궐해서 뭔가를 낚아 보고 싶은 마음을 나타낸다. 하지만 세상이 잘 낚이지 않으니 마음은 더더욱 착잡했을 것이다. 한때 중국에 사신으로 다녀올 정도로 인재였기에 사실상 쏘가리를 잡을 가능성은 높았지만, 훗날 왕을 모시지 않았다 하여 사헌부의 공격을 받았으니 다 잡은 쏘가리를 끝내 놓친 셈이 된다. 그림을 그린 이의 안타까운 마음이 화폭에 고스란히 담겨 있다.

그림의 낚시꾼은 이경윤 자신이다. 최립이 이경윤의 그림을 보며 "인물을 묘사한 것이 특히 핍진(逼眞, 실물과 아주 비슷함)하였는데, 모두 범속한 풍골이 아니었다. 나는 학림공을 한 번도 본적이 없는데, 어쩌면 그림 속에 자기도 모르게 자신의 얼굴을 그려 넣은 것인지 모르겠다" 했는데, 이 그림에서는 낚시꾼의 모습에 자신의 모습과 심리상태까지 다 포함시켜 그린 것으로 보인다. 제대로 경륜을 펼쳐 보고 싶은 마음과, 은일자적하고 싶은 마음의 두 가지가 다 자신 속에 있다고 말한다.

갈등 속에서 내린 결론은 입궐해서 경륜을 펼치기보단, 유유자적하며 세상에 나가지 않기로 한 것 같다. 그러니 일생의 종적이 잘 알려지지 않았다. 인조 때의 문신인 김광욱金光煜이 쓴 「학림수에 대한 만시挽詩」에 "정말 잘생긴 모습에 붓을 휘둘러 온갖 조화를 만드는데, 천진하게 술도 즐겨야 하고, 밤새도록 그림을 그렸다" 했는데 그렇게 살려면, 벼슬길에 올라서는 불가능한 일이다. 게다가 현재 자신은 여전히 복사꽃 물 위에 흐르고 능수버들 늘어진 개울가에 앉아 은일자적하고 있다. 이것이 도연명이 노래한 "복숭아꽃이 피어 물 따라 아득히 흘러가는 곳이 인간세상을 떠난 별천지" 아닌가. 산속에 살면서 낚시하는 낚시꾼의 산중문답山中問答이다. 그의 또 다른 아호雅號가 학록鶴麓인 것은 산기슭에서 학처럼 살고 싶은 그의 마음일 게다. 그 기슭엔 물도 흐를 테고.

참고자료

이수광李睟光, 『지봉유설芝峯類說』 제20권, 금충부禽蟲部 린개鱗介.
허균許筠, 『성소부부고惺所覆瓿藁』 제26권, 설부說部 5 도문대작屠門大嚼.
『海東歷史』, 『物産志』.
조구명, 『동계집東溪集』 제2권, 追記東峽遊賞, 多葉多鱖魚, 爲天下味; 남유용, 『뇌연집雷淵集』 제2권, 風巖觀漁, 烹共春雷碧, 淸新風味殊, 頓勝官盤食; 정호鄭澔 『장암집丈巖集』 제17권, 進士吳公墓碣銘; 정염丁焰, 『만헌집晩軒集』 제2권, 與盧察訪, 膾其一. 炙其一. 烹其一. 味各不同. 其悅於病口愈深. 若沉痾之去體.
정사룡, 『호음잡고湖陰雜稿』 제5권, 送申元亮赴泰山, 鱖魚流水逢春美.
장지화, 「어가자」, 桃花流水鱖魚肥; 곽열郭說, 『서포집西浦集』 제4권, 村居雜詠, 桃花浪暖鱖魚肥; 서거정徐居正, 『사가집四佳集』 보유 제3권, 밀양 십경密陽十景, 桃花細浪鱖魚肥; 유성룡柳成龍, 『서애집西厓集』 별집 제2권, 病中送金主簿還九潭, 桃浪生時鱖魚肥; 김윤안金允安, 『동리집東籬集』 제2권, 桃花初動鱖魚肥.
이곡李穀, 가정집稼亭集 18권, 次韻答家兄, 溪柳垂絲可貫魚.
조태억趙泰億, 겸재집謙齋集 11권, 使兒輩呼韻, 柳條穿得錦鱗魚.
정조, 『홍재전서弘齋全書』 제2권, 贈人郊墅四景, 柰把游魚貫柳歸.

골짜기 아래서
먹을거리를 마련하다

단원檀園 김홍도金弘道 〈조어산수釣魚山水〉

긴 강에 물고기 낚는 사람은 長江釣魚者
행실이나 마음이 모두 다 깨끗하네. 迹與心雙淸
원래부터 영화나 욕됨을 모르는데 不自識榮辱
어찌 이익이나 명예를 생각하겠나. 何嘗思利名
― 권근權近,「어부사漁父辭」

봄볕에 그을리면 보던 임도 몰라보네

 벼랑을 타고 나무 몇 그루가 휘어져 자라나 날것 그대로의 기세를 자랑한다. 저런 곳에서도 나무가 자라는구나 싶을 정도로 기이한 절경인데 그 아래 낚시꾼 둘은 낚시와 담소에 여념이 없다. 안개가 낀 듯 아련하면서도 탁 트인 산천 속에 자리한 낚시꾼들의 굽은 등과 해맑은 표정이 한결 정겹게 느껴진다.

 먼 들판에서 흘러오는 시내와 바위산을 휘돌아온 물줄기가 만난다. 갈라져 흐르는 물이 어지럽게 돌에 의지하고, 얕은 여울에서 들어온 물은 그 돌에 부딪혀 빠르게 흐른다. 좁은 여울에 물이 많은 것을 보니 비라도 내린 모양이다. 젖은 듯 솟은 바위 옆으로 계곡물이 넘쳐들고 들에는 풀이 무성하며 새 물이 들어온다. 시내와 여울의 합수 지역에는 상류에서 내려온 산소량과 풀씨, 벌레나 유충 등이 많아 물고기의 먹이 활동이 활발하다. 이항복이 『백사집白沙集』에서 말한 대로 "안개 속 어부 집에서 소곤거리기를, 새 물이 사립에 들면 고기가 여울로 올라"온다고 할까.

 삿갓을 쓴 사람은 몸을 수그리고 낚시에 집중한 모습인데 친구로 보이는 사람은 연신 말을 건다. 언뜻 노인처럼 보이지만 자세히 보

〈조어산수〉, 김홍도, 1796년, 지본담채, 26.7×31.6cm, 호암미술관

면 머리는 많이 빠졌어도 수염이 적고 주름살이 없다. 나이가 그리 많지는 않다는 얘기다.

낚시를 자주 다니는 사람이라면 만반의 준비를 했을 테지만 오른쪽 사람은 행색으로 보아 초보자다. 해종일 햇볕을 쏘일 텐데 삿갓도 쓰지 않았다. 아랑곳 않고 왼쪽으로 돌아앉아 이런저런 말을 걸기에 여념이 없다. 낚시는 이미 뒷전이다. 다래끼가 하나만 놓여 있는 것으로 보아 이 초보자는 낚싯대만 달랑 하나 들고 따라온 게 틀림없다. 팔다리까지 훌쩍 걷어붙인 것이 오뉴월 낚시터 땡볕이 얼마나 따가운지 아직 모르는 모양이다. 속담에 "봄볕에 그을리면 보던 임도 몰라본다"고 하지 않았던가. "구름 볕에 탄다"는 낚시꾼들의 말은 더더욱 들어본 적 없으리라. 낚시를 마치고 집으로 돌아갈 때쯤이면 얼굴과 팔다리가 다 화끈거릴 테지. 이튿날부터는 물고기 비늘처럼 온몸에 허물이 벗겨질지도 모를 일이다.

반면 삿갓을 쓴 낚시꾼은 받침대에 낚싯대를 걸고 초릿대 끝을 낮춘 모습에서 벌써 전문가의 풍모가 느껴진다. 옆 친구의 낚싯대가 받침대에 올려 두긴 했어도 초릿대 끝이 들려 있는 것과는 대조적이다. 별거 아닌 것 같아도 이 작은 차이가 전문가와 초보자를 가름한다. 이것은 수백 년이 지난 지금도 마찬가지다. 요즘도 낚시를

〈조어산수〉 부분

하러 가 보면 처음 낚시에 입문하는 이들의 낚싯대가 대개 하늘로 들려 있는 것을 볼 수 있다. 하지만 낚시를 잘하는 사람은 항상 낚싯대를 아래로 낮춘다. 범이 먹잇감을 향해 달려들 태세를 갖추는 모양새랄까. 삿갓을 쓴 낚시꾼은 입질이 오는 순간을 놓치지 않고 바로 낚아챌 준비가 된 자세다. 한순간이라도 낚싯대에서 눈을 떼면 물고기뿐 아니라 기다린 시간까지 몽땅 놓치고 말 테니 주의를 더욱 기울인다. 그런 사정도 모르고 자꾸 말을 거는 옆 사람의 얼굴 표정이 자못 익살스럽다. 아마도 왼쪽 사람은 삿갓을 더 내려쓴 채 건성으로 질문에 대답하지 않을까? 그럼에도 두 사람의 모습에서 오고가는 잔정이 느껴진다.

그러나 이들이 붕어를 낚기 위해 왔다면 잘못 찾아온 듯하다. 붕어는 물 흐름이 죽어서 웅덩이나 늪을 이룬 곳이나 굽이진 여울을 좋아한다. 그림 속 장소처럼 작은 개울에 새 물이 많이 치고 들어오는 자리는 꺼린다. 이들이 붕어를 노렸다면 심사정沈師正의 〈조옹도釣翁圖〉에 나오듯이 앞받침대뿐 아니라 뒷받침대까지 가져와서 낚싯대를 얹어 두어야 했을 것이다.

잉어 또한 마찬가지다. 잉어는 큰 강의 중·하류나 호수, 늪, 저수지 등지에 주로 살기 때문에 어지간해서는 이런 곳에서 낚일 성싶지 않다. 그러니 이들이 노리는 것은 한꺼번에 많이 낚을 수 있는 피라미나 갈겨니, 버들치, 쉬리나 손님 고기로 오는 고급 어종인 쏘가리, 꺽지, 산천어, 메기일 수밖에 없다. 메기는 주로 밤에 낚이는 어종이지만 낮에도 눈앞에서 미끼가 움직이면 마다하지 않고 달려든다. 여기저기 물속에 돌이 많으니 꺽지가리(꺽지를 잡는 일)라도 한다면 호사스런 입맛도 볼 수 있을 게다. 미끼로는 아이들 시켜 잡아놓은 귀뚜리도 있을 테고 개울가에서 파낸 벌레나 지렁이도 있을 것이다. 아마 오른쪽에 앉은 친구가 직접 잡아왔을지도 모르겠다.

혹 지금 저 친구는 그 낚싯밥을 전문가 친구에게 건네며 자랑스러워하고 있는 게 아닐까? 이것은 내가 잡았으니 너는 빨리 물고기를 잡으라고 너스레를 떨면서.

〈조옹〉, 심사정, 지본담채, 25×20cm, 개인 소장

초근목피로 연명하던 시절

지금이야 취미로 낚시를 하는 사람도 많고 기념 촬영을 한 뒤에 방생이랍시고 잡은 고기를 놓아주기도 하지만, 적어도 그림 속 두 사람이 낚시를 하는 까닭은 물고기를 먹기 위함이다. 잡을 수 있는 만큼 최대한 낚아 올려서 어탕으로 끓여 내면 술안주도 될 터이고 소금에 절여 내면 아이들 땟거리도 되었을 것이다. 먹고 남은 것이 있을 리 없었지만 조금이라도 남은 게 있다면 자신보다 더 가난한 마을 사람들에게 나눠주거나 어떻게든 말려서 다음 끼니에도 먹을 궁리를 했으리라.

김홍도가 살던 정조 시대는 조선조의 다른 시기에 비해 사는 형편은 나아졌다고 하지만, 일반 백성들이 먹고살기에는 여전히 어려웠다. 정조는 백성들의 집에 춘궁의 탄식이 많음을 안타까워했다. 조선 최고의 실학자 다산茶山 정약용丁若鏞 또한 배를 곯고 있는 백성들을 안타까워하는 심정을 다음과 같은 문장으로 풀어 내기도 하였다.

풀과 나무 같은 우리네 인생, 人生若草木

물과 흙으로만 자손 이어 간다네. 水土延其支

힘껏 일해 땅의 초목 먹고 살아야 하니, 俛焉食地毛

콩과 조 같은 것이 적합하다네. 菽粟乃其宜

콩과 조 귀하기가 구슬 옥 같으니, 菽粟如珠玉

몸의 영양은 어찌 지키랴. 榮衛何由滋

야윈 목은 굽어서 거위 모양이고, 槁項頳鵠形

병든 살은 주름져 닭 껍데기일세. 病肉繃鷄皮

(중략)

우루루 몰려 쇠죽가마로 가서는, 喁喁就湯麋

개돼지도 버려 마다할 것을, 狗彘棄不顧

사람으로 엿처럼 달게 먹다니. 乃人甘如飴

그림 속 두 사람이 낚시를 하는 시점은 「농가월령가農家月令歌」에서 "떡갈잎 퍼질 때 뻐꾹새 자로 울고, 보리 이삭 패어나니 꾀꼬리 소리 난다"라고 한 음력 4~5월일 것이다. 한 해 중 가장 풋풋한 때인 소만小滿에는 보리가 익어가고 밤에는 산부엉이가 울어댄다. 지금이야 나들이객들이 도시락을 싸들고 소풍을 다닐 때지만 조선시대 사람들에게 이즈음은 "태산보다 높다는 보릿고개"를 넘어야 하는 악명 높은 시기였다. 양식이 떨어진 백성들은 너나없이 배를 곯았고, 먹을 것을 찾아 들로 산으로 쫓아다니며 죽음과 사투를 벌여야 했다. 이러한 때에 낚시는 굶주린 배를 채울 수 있는 절박한 수단 중 하나였다.

그물로 한 번에 많이 잡는 방법도 있지만 이곳처럼 돌이 많은 곳에서는 그물질하기가 어렵다. 오히려 낚시를 하면 그물에 걸리는 것보다 더 크고 좋은 물고기를 낚을 수도 있다. 두 친구는 배고픔에 힘들어하는 가족들을 떠올리며 물고기를 잡고 있을지도 모르겠다. 그럼에도 웃음을 잃지 않는 모습에서 해학이 느껴진다. 위정자들은 이 그림을 보면서 뜨끔했겠지만, 백성들은 이 속에서 위로를 얻지 않았을까? 그렇다면 김홍도는 그림이라는 떡밥을 제대로 날린 셈이다.

서 민 의 삶 을 그 린 김 홍 도

탁월한 그림에 호방한 글씨 그리고 시와 시조까지 능해서 시서화

詩書畫 삼절三絕로 일컬어지는 김홍도는 무엇을 그려도 그 본질을 놓치지 않았다. 빼어난 산수를 배경으로 낚시하러 온 두 사람의 성격과 경륜을 그림 속에 속속들이 녹여 냈을 뿐 아니라, 당대의 낚시하는 백성들 사정까지 은연중에 담아 냈다. 그러면서도 낚시꾼의 모습을 비루하게 그리지 않고, 비록 먹을 것이 없어 낚시를 왔어도 욕심 부리지 않는 서민들의 고결함을 있는 그대로 표현하고 있다.

김홍도는 화선(畫仙, 회화의 재주가 신선의 경지에 이른 사람)이라는 칭호에 걸맞게 그림을 보는 순간 사람을 잡아당겨 그림 속으로 끌고 들어가버린다. 하여 보는 이로 하여금 말이나 글을 잊게 만든다. 오죽하면 조선 후기 문신 이유원李裕元이 '뛰어난 그림은 신령神靈이 통한다'는 뜻의 「명화통신名畵通神」이라는 글까지 썼을까.

집사람이 일찍이 말하기를, '매일 밤 베갯머리에서 말을 모는 소리가 들리고, 또 당나귀의 방울 소리가 들리기도 했습니다. 어떤 때는 견부가 발로 차서 잠을 깨우기도 하고, 말을 따라가느라 잠자리가 어지러웠습니다. 그런데 그 까닭을 알 수 없었습니다' 했다. 어느 날 막 잠들려 할 때 몽롱하게 물소리를 들었는데, 그 소리가 병풍에서 나오는 것을 알게 되었다. 병풍은 바로 단원 김홍도가 그린 풍속화였다.

이상하게 여겨 옮겨 놓자 곧 고요해졌다. 훌륭한 그림이 신통하다는 것이 예로부터 그러했던 것이다.
— 이유원, 『임하필기林下筆記』 중에서

그뿐 아니라 김홍도 그림의 신묘함은 정조의 총애를 받은 성대중成大中의 글에도 잘 나타나는데, 그의 그림은 도깨비도 손을 대지 못했다고 한다.

서울에 피씨皮氏 성을 가진 사람이 장창교長昌橋 입구에 있는 저택을 샀는데, 대추나무가 담장에 기대어 있어서 베어버렸다. 그러자 갑자기 도깨비가 그 집에 해를 끼쳤는데, 갑자기 움직이기도 하고, 대들보 위에서 휘파람을 불기도 하고, 공중에서 말소리가 들리기도 했으나 그 모습은 볼 수 없었다. (중략) 그 집의 옷걸이와 옷상자에 보관된 옷들은 온전한 것이 하나도 없었는데, 모두 칼로 베어 놓은 듯했다. 오직 옷상자 하나만이 온전하였는데, 상자 바닥에 김홍도가 그린 늙은 신선 그림이 있었다.
— 성대중, 『청성잡기靑城雜記』 중에서

이 그림은 김홍도의 소위 병진년화첩丙辰年畵帖으로 알려진 『단원절세보첩檀園折世寶帖』의 스무 폭 그림에 포함된 것이다. 단원 그림의 대가이자 안타까운 천재인 오주석 선생은 이 그림첩을 무척이나 아꼈는데, 절세를 '절세絶世'라 하여 "세상에 비교할 데 없을 만큼 뛰어나다"라는 뜻으로 풀었고, 한국 미술사학의 원로 중 대표라 할 수 있는 강우방 선생은 "세상을 기죽게 할 만큼 놀라운, 보배로운"으로 풀기도 하였다.

담긴 그림만 생각한다면 어느 것도 틀린 말이 아니다. 그러나 겸양의 미덕을 강조한 우리네 민족성을 생각하면, 절세보折世寶는 절장세보折藏世寶 즉, '세상 보물을 접어 담아둔' 화첩 정도로 이해하는 편이 나을 듯하다. 단원에 대한 두 선생의 애정이 그만큼 남다르다는 것을 알 수 있다. 혹여 둘 중 누군가는 단원의 그림 속에 정말 들어갔다 나온 것은 아닐까?

참고자료

이항복, 『백사집』 제1권, 漾碧亭八詠, 煙中漁舍語星星, 新水入扉魚上瀨.
정조, 『홍재전서』 제48권 春, 蔀屋多春窮之嘆.
이유원, 『임하필기』 제29권 名畵通神, 家人嘗言. 每夜枕邊聞勸馬聲. 又出驢子鈴機響. 時有牽夫蹴起床從馬攪眠. 而無以知其所由. 一日方睡之際. 朦朧聽淂. 認其出自屛間. 乃檀園金弘道所寫俗畵也. 怪而移置. 因爲寂然. 畵之通神. 自古己然.
성대중, 『청성잡기』 제3권 성언醒言, 都下皮姓者, 買第長昌橋口, 槖倚於墻, 伐焉. 魅蓋宅之遽動, 或嘯於梁, 或語於空, 但不見形耳. (중략) 其家衣裳櫛懸笥儲, 無一完者, 並若刀殘, 獨一篋完, 篋底, 乃有金弘道老仙畵也.

자료 1 박물학자가 쓴 낚시도구에 관한 변증설

어구변증설

어구변증설
「어구변증설漁具辨證說」은 조선 후기의 실학자이자 이덕무의 학문과 사상을 계승한 이규경(李圭景, 1788~미상)의 저작으로 『오주연문장전산고五洲衍文長箋散稿』 「인사편人事篇」 기용류器用類 어구漁具에 나온다. 『오주연문장전산고』는 조선 헌종 때에, 이규경이 우리나라와 중국을 비롯한 여러 나라의 예전과 당시의 사물을 1,400여 항목에 걸쳐 고증하고 해설한 책이다. 이 책은 천문, 시령時令, 지리, 풍속, 관직, 궁실宮室, 음식, 금수禽獸 등 거의 모든 분야를 망라해 수록하였다.

[주역註譯]

나는 어릴 때부터 현진자玄眞子 장지화張志和와 노망魯望 육구몽陸龜蒙[1]의 사람됨을 끔찍이도 좋아했다.

현진자는 「안개 속에 낚시하는 늙은이煙波釣叟」라는 시를 남겼고,

주1) 당나라 때 농학자이자 시인. 자는 노망魯望, 호는 스스로 강호산인江湖散人, 보리선생甫里先生, 또는 천수자天隨子라 했다.

육노망은 「낚시도구에 관한 노래漁具之詠」를 남겼으니, 그 책을 읽다 보면 잠자리에 들 때도 손에서 놓기가 힘들었다. 그들은 정말로 선생의 풍격風格을 가졌는데, 그 덕이 산처럼 높고 물처럼 길었다.

복희씨[2] 이후 사람들이 낚시를 배운 이래로, 자아子牙[3] 자릉子陵[4]을 제외하고는 오직 장지화와 육구몽만이 낚시꾼들 중 가장 고수라 할 만하다.

내 평생 바라는 것은 먼저 두곡선荳殼船[5]에 뜸을 덮은 배 한 척을 만드는 것이다. 그러면 밤이나 낮이나 아득한 안개 속에서 바람과 파도에 몸을 맡기게 되는데, 깨고 자는 것이 필요 없으리라.

늙은 낚시꾼, 장지화가 부르는 「어부의 노래漁父曲」는 다음과 같다.

얼레로 낚시를 하고, 車子釣

귈두선橛頭船[6]을 타고 있으면, 橛頭船

즐거움이 바람과 파도 속에 있을 것인데, 樂在風波

주2) 중국 3황5제 중 최고의 왕으로 팔괘를 만들고, 그물을 발명하여 어획과 사냥을 가르쳤다고 한다.
주3) 강태공의 자
주4) 본명은 엄광嚴光이고 호가 자릉이다. 동한의 광무제와 동문수학한 사이였으나 벼슬을 하지 않고 양가죽으로 만든 도롱이를 입고 낚시 하며 살았다.
주5) 하천이나 못에 띄우는 작은 거룻배를 말한다. 비슷한 배로는 조봉선鳥篷船이 있다
주6) 이물이 뾰족한 배를 말한다. 이 말은 장지화의 시 「어부가漁父歌」뿐만 아니라 여러 시문에서 나온다.

신선이 무슨 필요가 있는가? 不用仙

당나라 '담용지譚用之'는 시에서 다음과 같이 노래했다.

푸른 옥 같은 잠자리는 손님을 맞이하는 술이고, 碧玉蜻蜓客酒
황금 얼레는 낚시하는 얼레다. 黃金轂轆釣魚車

가볍게 움직이는 술잔은 비갠 포구에 향기를 날리는데, 翩翩蠻榼薰晴浦
낚시얼레 소리는 낚싯배에 울린다. 轂轆車響釣船

라 했는데, 맞다.

(지금 강에서 작은 배를 타고 낚시하는 어부를 보면, 손에는 실을 감는 작은 얼레[확거자 彠車子]를 가지고 있다. 낚시를 강 속에 던지고, 물결에 따라 흘리면서 감기도 하고 풀기도 한다. 물고기가 미끼를 물면 바로 낚싯줄이 팽팽해지니, 급하게 얼레를 돌려서 물고기를 끌어올린다. 이것이 옛날부터 내려온 얼레낚시인 거자조車子釣가 전해진 모습이다.)

조망釣網 낚시와 그물. (작은 입에 큰 배를 가진 것이다.)

리망纚網. (체와 같은 모양의 그물)

증罾. (어망인데, 틀이 있는 것)

구笱 통발. (대나무를 구부려 다리처럼 만들어 고기를 낚는 것인데, 다른 말로는 전筌이라 한다. 즉, 『장자莊子』에 나오는 "물고기를 잡으면, 통발은 잊어버린다〔得魚忘筌〕"는 것이 이것이다.)

류罶 통발. (과부가 쓰는 통발이다. 『당운唐韻』에는 이 이름을 '적籍'이라 했다. 『모시毛詩』에서는 "세 별이 통발에 있으니, 내 다리에 가지 말고, 내 통발 빼지 말라〔三星筍罶. 毋逝我梁. 毋發我笱〕"고 한 것이다.)

어량魚梁. (돌을 쌓아 물을 막고, 물고기를 잡는 것이다.)

삼罧. (다른 말로는 삼椮이나 잠涔이라고 하는데, 물속에 섶나무를 쌓아서 물고기가 모이게 해서 잡는 장치이다.)

호䈅. (항아리 모양으로 엮은 대나무로 모인 물고기를 잡는 것이다.)

착적作籍 작살. (『주례周禮』에 "때때로 작살로 물고기를 잡는다 時籍魚"했고, 정현鄭玄이 이르기를 "갈래가 진 것으로 진흙을 찔러 잡는다 叉刺泥中取之"했으니, 막대 끝이 갈라진 것으로 진흙을 찔러 물고기를 잡는 것이다.)

〈한강독조도寒江獨釣圖〉 부분도, 1195년에 그린 것으로 추정되는 그림. 지금까지 나온 조어거^{주)}, 즉 낚시 릴에 대한 그림 중 가장 오래된 것이다. 중국의 역사책에는 약 3세기경부터 이런 형태의 릴이 있었던 것으로 전해진다. 남송시대의 뛰어난 화가인 마원馬遠의 그림이다.(위키백과에서 인용)

주7) '조어거'는 '조륜釣輪'이라고도 했는데, 현대에는 '어선륜漁線輪' 또는 '권선기捲線器'라 한다. 바퀴가 달려 있어서 줄을 멀리 보낼 수 있고 쉽게 다시 회수할 수 있는 낚시도구이다. 지금으로 치자면 일종의 릴에 해당된다. '조거'에 대한 가장 오래된 기록은 4세기 때의 저작인 "열선전 列仙傳"에 "陸陽子明者 鄕人也 好釣魚于旋溪. …… 當來問子明釣車在否"라 나온다. 담용지는 오대五代 말기인 약 930년경에 살았던 사람이니 이때 이미 많이 사용하던 도구임을 알 수 있다. 담용지의 시 제목은 '이비도인貽費道人'과 '기좌선배寄左先輩'이며, 당나라 한유韓愈의 시 '독조獨釣'에도 "坐厭親刑柄, 偸來傍釣車"라 나온다.

양해(梁楷)의 〈팔고승도권八高僧圖卷〉 중 "孤蓬蘆岸 僧倚釣車(외로운 쑥과 갈대 있는 언덕에 중은 조거에 의지한다)"라는 그림 부분도. 양해는 1200년경에 태어난 남송시대의 사람이다.(후동백과(互動百科)에서 인용)

곽簎 통발. (노의 머리에 쇠를 씌운 것이다. 이것으로 물고기를 잡는다.)

어주 魚𦩘 물고기 주살. (물고기에게 화살이나 돌을 쏘아 잡는 것인데, 주살로 물고기를 잡는 것이다.)

이런 것들이 물고기 잡는 도구이기는 하지만 적당히 취할 바는 아니다. 낚시라는 것은 정취가 있는 것이다. 아취가 있고 속되지 않은 것은 오직 바늘로 하는 낚시 밖에 없다.

바늘로 하는 낚시의 도구는 다음과 같다.

기鐖 미늘. (낚시바늘에 거슬린 방향으로 달린 가시를 말한다.)

민緡 낚싯줄. (매달아 띄우는 실을 말한다.)

범泛 찌. (『계륵편鷄肋篇』에는 낚싯줄의 반쯤에 물억새 줄기를 단 것을 찌〔浮子〕라고 했다. 물억새가 잠기는 것을 보고 물고기가 미끼를 문 것을 알 수 있다. 당나라 퇴지退之 한유韓愈의 「조어시釣魚詩」에 "깃털이 가라앉는 것을 보고 먹이를 먹은 것을 안다〔羽沈知食 䭇〕"라고 했으니, 당나라 때는 깃털이 찌로 쓰인 것이다.)

연추鉛錘 납추. (콩만 한 작은 납을 낚싯줄에 달아서, 낚시 바늘이 물에 들어간 뒤 바로 서게 하는 것이다.)

조간釣竿 **낚싯대.** (작은 대나무 중에 길고 곧은 것을 골라 대를 만들고 가늘고 질긴 명주실을 맨다. 『시경詩經』에 "가늘고 긴 대나무대로 기수淇水에서 낚시하네〔籊籊竹竿, 以釣于淇〕"라고 한 것이다. 대나무가 없는 고장에서는 나무를 사용했는데, 대나무에 미치지 못한다.)

조사釣絲 **낚싯줄.** (명주를 3겹으로 꼬아서 낚시 바늘에 매고 물고기를 낚는다. 『시경詩經』에 "명주실을 꼬인 낚싯줄로 하지〔維絲伊緡〕"라고 한 그것이다.)

이餌 **미끼.** (밥알로 물고기를 유인한다. 옛사람들이 향기로운 미끼, 달콤한 미끼라고 했던 그것이다.)

영성答䇦 **다래끼.** (작은 대그릇이다. 낚시꾼이 허리에 차고 물고기를 넣는 것이다.)

약립篛笠 **삿갓.** (낚시꾼이 비나 햇볕을 피할 때 쓴다.)

사의蓑衣 **도롱이.** (낚시꾼이 비나 이슬을 피하려 사용하는 물건이다.) 이것은 아주 사치스럽지만 엄자릉嚴子陵의 양가죽 옷에 비할 수 있다. 학 같은 삿갓이나 해오라기 같은 도롱이라면 가히 의복이라 할 수 있다. 그러나 역시 구하기는 어렵다.

이러한 것들이 갖추어야 할 낚시도구다.

옛날에 고기 낚는 사람은 간혹 귀하게 적당함을 취했는데, 이런 사람을 낚시꾼이라 했다. 즉 혹시 물고기를 낚더라도 적당함을 취했다. 배를 집으로 삼고, 물고기를 먹을거리로 삼더라도 향기로운 쌀밥이나 순채국이 꼭 필요치 않으면 지고로 삼았다. 이에 비해 세상에서는 낟알 한 알 가지고도 다툰다. 여기에 비하면 이렇게 사는 것이 가히 더 뛰어나다고 할 수 있다. 다 같이 뛰어난 것은 혼자 뛰어난 것에 미치지 못한 것이다.

옛날에 포차자蒲且子가 있었는데, 주살을 잘 쏘는 사람이다. 첨하詹何가 이를 듣고는 기뻐서 그 기술을 배웠다. 그래서 초나라에서 낚시에 대해서 들은 것은 다음과 같다. 물고기를 잘 낚으려면 먼저 물을 보는 데 기술이 있음을 알아야 한다. 무릇 물이 느리지만 곧게 흐르면 그 아래에 물고기가 있다. 물이 급하게 흐르고 흐름이 굽어 있으면 물고기는 흩어져 머무르지 않는다. 큰 강의 물은 곧게 흐르고 하천의 물이 굽은 것이 그렇다. 물이 맑고 깊으면 숨어 있는 게 같은 것이 없다. 물이 너무 맑으면 물고기는 허공으로 올라가 버린다.

주사위 같은 돌들이 있는 것이 그렇다. 또 길가에 고인 물에는 꼬리 흔드는 물고기가 없다.

안휘성 강가의 속담에 아이가 어미를 지나면 덥다가 시원해지고, 물이 빠지면 물고기가 숨는다 했는데, 이는 모두 큰물이 지는 기후를 말한 것이다. 가히 이렇게 말할 수 있는데, 앞의 물을 어미로 삼고, 뒤의 물을 아이로 삼은 것이다. (물이 범람한 날이 햇볕이 있는 날보다 길면 뒤에 오는 물이 앞에 있는 물보다 많은데, 이것을 아이가 어미를 이긴다고 한 것이다. 물이 그치면 물고기는 당연히 큰 놈이 나타나는데, 물가 사람들은 신선한 물고기에 물린다. 물이 빠지면 물고기는 숨어서 나오지 않거나, 또는 수면 위로 뛰어오르는데, 이것을 칭수稱水라고 한다. 큰비가 내리면 물은 반드시 늘어난다. 낚시꾼이 이를 반드시 알고 있지 않으면 안 된다.)

물고기를 낚는 사람은 또 물고기가 움직이는 절기와 기후를 안 다음에야 물고기를 잘 낚는 낚시꾼이라 할 수 있다. (물고기는 태양을 따라 움직이는데, 봄여름에는 물살을 거슬러 올라가고, 가을 겨울에는 물살에 실려 내려가니, 낚시꾼은 이런 나오고 숨음에 따라 물의 위아래에서 그것을 낚는 것이다. 즉 스스로 그런 기회를 놓치지 않는 자이다.)

낚시를 하는 외에 화살로 물고기를 잡는 법이 있다. (『좌씨전左氏傳』에 나타난 "해당화에 있는 화살 물고기〔矢魚於棠〕"는 화살로 볼 수 없다.『주례』에서 말한 "물고기와 자라를 화살로 잡아먹다〔矢其魚鼈而食〕"할 때가 바로 그것이다. 화살은 의로운 것이다. '고요皐陶의 화살〔矢〕'[8]이나 '궐厥이나 모謨의 화살'이 그렇다. 동중서董仲舒[9]는 「사책지문(射策之文; 활 쏘는 글)」에서 활을 쏜다는 것은 화살을 쏜다는 것이라 했는데 옳다. 또 후세에 화살로 물고기를 잡는 자들이 시와 노래에 많이 넣었다. 화살은 반드시 밤에 불을 밝히고 쏜다고 했다. 당나라의 진공서秦公緒가 쓴「한당곡寒塘曲」에는 "등불을 물에 비추고 헤엄치는 물고기를 쏜다〔持燭照水射游魚〕"라고 했고, 방공건方拱乾의 「영고탑지寧古塔志」에는 "달 밝은 때 불을 켜고 작은 배 노를 젓다가, 물고기를 보면 찌른다〔月明燎化棹小舟 見漁而堪地〕"라고 했다. 「한당곡」은 다음과 같다.)

찬 못에 고요하고 버들 이파리 드무니, 寒塘沈沈柳葉疏

주8) 고요는 요순시대의 법관으로 동이족 수령이다. 중국에서는 요임금, 순임금, 우임금과 함께 4대성인으로 꼽힌다. 중국 사법의 원조이다. 고요시란 고요가 보여준 예를 말한다.
주9) 중국 전한 중기의 대표적 유학자

물은 어두운데 사람 소리에 쉬던 물오리 놀란다. 水暗人語驚棲鳧
배 안의 젊은이는 술에 취해 일어나지 않고, 舟中小年醉不起
등불을 물에 비추고 헤엄치는 물고기를 쏜다. 持燭照水射游魚

  무릇 화살로 잡거나 작살로 잡는 사람은 고기가 수면에 뜬 것을 보고 작살을 던진다. 화살을 쏘건 작살을 던지건, 반드시 그 끝을 물고기에 맞히고, 그것을 얻어낸다. 그 수면에 뜬 것은 물고기의 그림자이다.

  또 얼음낚시도 있다. (내가 강에서 물고기를 낚는 사람을 보니, 얼음에 작은 구멍을 하나 뚫고. 하루 종일 낚시를 드리우더니, 그 곁에 엎드려 미끼를 살펴보고 기다리다가, 낚시를 물면 줄을 당겨서 걷어 올렸다. 잉어를 낚는 법은 바닥에 못이나 송곳 같은 이빨이 달린 나막신을 신고 얼음 위를 달리다가, 헤엄치고 있는 잉어를 발견하면, 큰 고무래로 얼음을 두들기고, 잉어가 놀라 혼미해져서 갈 수 없게 되면 얼음을 뚫고 작살로 찍어 잡는다. 다른 고기도 이와 같은 방법으로 잡는다. 빙어를 잡는 법은 밤에 얼음 위에 밝은 불을 밝히고, 얼음을 뚫어 구멍을 만든 다음, 명주실로 만든 그물을 던져 물고기를 잡는데 밤새도록 한다. 이것이야 말로 "외로운 배에 도롱이 입고 삿갓 쓴 늙은이가 혼자서 추운 강에서 낚시하는 것" 아닌가?)

어구에 대해 다시 말하면 예로부터 있던 것이 더 있다. 고만(苽蔓, 옥수수 덩굴) 같은 것은 실이고, 작표雀瓢는 등나무 껍질이다. 그 외에도 여러 가지로 속여서 잡는 방법이 있지만, 애초에 물고기를 낚는 바른 이치가 아니다. 속여서 새를 잡는 것 같은 방법은 예나 지금이나 쓰인 것이 많은데, 간략하게 줄인다.

(『화한삼재도회和漢三才圖會』[10]에는 "오이넝쿨을 말리면 철사와도 같아 자르기 어렵다. 낚싯줄로 쓰는데, 낚시꾼이 가장 귀히 여기는 것이다"라고 했고, 『오주연문장전산고』「박물고변博物考辨」에 "낚싯줄은 등나무의 속껍질을 꼬아서 만든다. 물속에 들어가면 굳고 질겨서 끊어지지 않고, 물 밖으로 나오면 부드럽다. 명주실이 없을 때 가히 써 볼 만하다"라고 했다.)

(가마우지[11]를 길러 물고기를 잡는다. 반딧불이 주머니를 그물이

주10) '그림으로 보는 중일 백과사전' 이란 뜻으로 1712년 에도 시대에 일본에서 출간된 백과사전이다. 오사카 출신 의사인 데라지마 료안이 편찬했다.
주11) 해안 절벽 근처에 사는 텃새를 말한다.

나 낚싯대에 달아 물에 넣어 물고기를 모은다. 원숭이 털을 그물의 네 귀에 달고 물고기를 불러 모은다. 삶은 피稗를 물에 넣어 물고기를 모은다. 감나무 즙이나 망초 즙을 물에 흘리면 물고기가 취해 죽는다. 산초 껍질이나 뿌리를 찧어 부순 것, 삭힌 수유껍질, 여뀌, 산초나무 껍질, 황벽나무, 모과, 태운 회, 무쇠 화살 이런 것들을 태워 물에 넣으면 물고기가 한 번에 죽는다. 파두巴菽라는 콩은 물고기에 독이 된다. 감람목[12]으로 노를 만들면 물고기 모두 떠오른다. 이는 여러 책에서 나온 것이다. 일간日干이 돼지일〔亥日〕인 날에 낚시를 하면 많이 잡힌다. 물이 마른 곳의 정령은 위蝟라고 하는데, 이 이름을 부르면 물고기와 자라를 잡을 수 있다. 또한 물고기를 한 마리도 못 낚게 하는 방술도 있다. 즉 게체주인데, 마음으로 주문을 외우면 된다. 주문은 '이체미체이게라체'라고 일곱 번 외우면 낚시꾼은 하루 종일 소득이 없다. 이것은 진미공陳眉公[13]『이고록妮古錄』에 보인다.)

주12) 중국 올리브 나무의 일종이다.
주13) 명나라 때 문학가이자 서화가인 진계유陳繼儒를 말한다.

[원문]

漁具辨證說

愚自少酷愛張志和, 陸龜蒙之爲人。玄眞子煙波釣叟之詩。陸魯望漁具之詠。嘗寢藉不忍釋手。眞所謂先生之風。山高水長。粵自包羲氏。敎民佃漁以後。漁之高者。除子牙, 子陵之外。惟斯張, 陸兩人而已。平生所欲者。先作一荳殼船。覆篷懸輪。日夜盪漾於風濤杳靄之間。寤寐不置也。釣叟《漁父曲》。車子釣。概頭船。樂在風波不用仙。唐譚用之詩。碧玉蜉蝣迎客酒。黃金轂轆釣魚車。又翩璇鬫蠻橄薰晴浦。轂轆魚車響釣船者是也。

【今見江上漁父乘小艇。手一小變車子纏釣絲。投釣江中。隨波而下。或纏或解。有魚中餌。則釣絲緊弸。急轉變車。引上取魚。此是古之車子釣之遺意。】

釣網者。【纖口巨腹者也】纙網者。【似箕形者也】罾者。【魚網有機者也】笱者。【曲竹承梁之空以取魚者。一名筌。卽《莊子》所謂得魚忘筌者是也。】罶者。【罶卽嫠婦之笱也。《唐韻》。此名籗。《毛詩》。三星在罶。

毋逝我梁。毋發我笱者是也。】魚梁者。【堰石障水、取魚者也。】眾者。
【一名椮、涔。積柴水中。聚魚以取者也。】簹者。【編竹如甕。以爲聚魚
以取者也。】籍者。【《周禮》以時籍魚。鄭玄曰。以叉刺泥中取之。以杈
刺泥中取魚者也。】篧者。【以鐵施棹頭。因以取魚者也。】魚䱩者。【射
魚矢石。弋而取魚者也。】此雖漁具。類非取適者也。漁之閒且有趣。雅
而不俗者。惟有釣也。釣之具。鐖者。【釣鉤逆鋩者也】緡者。【懸泛之
絲者也。】泛者。【《雞肋篇》。釣絲之半。繫以荻梗。謂之浮子。視其沒。
則知魚之中餌。韓退之《釣魚詩》。羽沈知食駛。則唐世蓋浮以羽是
也。】鉛錘者。【以小鉛如荳者繫釣絲上。使釣入水而直立者也。】釣竿者。
【取小竹長直者爲竿。繫細靭繭絲。《詩》之簹簹竹竿。以釣于淇者是也。
無竹之鄉。以木枝爲之。終不如竹。】釣絲者。【絞繭絲三股。繫釣取魚。
《詩》之維絲伊緡是也。】餌者。【誘魚飯粒。古人有香餌、甘餌之喻者是
也。】䈰筲者。【小籠。漁人帶腰盛魚者也。】篛笠者。【漁父所戴而以禦雨
暘者也】蓑衣者。【漁父所被而以避雨露者也】此比子陵之衣羊裘。猶屬
太侈也。至如鶴笠鷺蓑。可稱其服。亦難易得者也。如是而漁具備矣。
古之漁者。或貴取適。而旣爲漁父。則或以取魚爲適。從舟爲家。以魚爲
食。不必菰米飯,錦帶羹爲高致。而比諸世間爭粒。此可較勝。同能不
如獨勝。

故昔蒲且子。善弋者也。詹何聞以悅之。以受其術。而以釣聞於楚國是也。欲學善漁。先學觀水有術。凡水緩則流直。魚聚其下。水急則流曲。魚散不居。江水直河水曲是也。水淸澈淵無潛甲。水太淸則魚若乘空。而只有石子如樗蒲是也。且涔蹄之水。無掉尾之魚矣。潁諺。子過母。當暑而涼。水退而魚潛。皆爲大水之候。此何謂也。前水爲母。後水爲子。【水日至日長。後水大於前水。爲子勝母水終。魚當大出。河濱人厭於食鮮。水退則魚不出而潛也。又魚躍離水面。謂之稱水。大雨至。水必漲矣。漁者於此不可不知也。】漁者。復識魚行之隨節候。然後可謂善於漁釣者也。【魚行隨陽。春夏浮而溯流。秋冬沒而順流。漁人隨其出沒。上下而取之。則自不失其機者也。】釣魚之外。復有矢魚之法。【《左氏傳》矢魚於棠。以矢爲觀非也。《周禮》所謂矢其魚鼈而食者是也。矢之義。如皐陶矢厥謨之矢。而董仲舒射策之文。用射卽用矢義也。且後世矢魚者。多入詩詠。矢必以夜照火射之。如唐秦公緒《寒塘曲》持燭照水射游魚。方拱乾《寧古塔志》。月明燎火棹小舟。見魚而揕之。《寒塘曲》寒塘沈沈柳葉疏。水暗人語驚棲鳧。舟中小年醉不起。持燭照水射游魚。】凡矢魚與籍魚者。見魚浮水面而投叉。射矢與叉。必稍下於魚。乃能得中。其浮於水面者。卽魚之影也。

又佃氷魚者。【余見江上漁父取氷魚者。穴氷作小孔。垂釣竟日。側臥其旁。瞰候中餌。若含釣則引絲摘取。捕鯉者。著木屐齒釘錐者走氷上。見鯉游氷下。以大椶撞氷。則鯉驚迷而立不能去。仍鑿氷、以叉揕之取出。他魚亦如此法。捕白魚。夜明火氷上。鑿氷作竅。投繭絲網漁取。竟夜不已。是所謂孤舟簑笠翁。獨釣寒江雪者乎。】予更於漁具。得古未有者。如苽蔓之絲。雀瓢藤皮也。其他賺取眩取。初非佃漁之正理。便同詭遇獲禽。故今於箋疏。略及之。【《和漢三才圖會》。瓜蔓曬乾者如鐵線。絕之難斷。用爲釣絲。漁者最重之。五洲《博物考辨》。釣絲。用雀瓢藤內皮撚作釣絲。入水則緊靭不斷。出水則反脆。無繭絲鄕可用。養鸕鶿捕魚。螢囊繫網或竿。入水聚魚。猿毛繫網四角聚魚。煮稗入水聚魚。流柿漆或茵草汁。醉魚而死。椒皮與根搗爛。食茱萸殼。馬蓼。椒木皮。黃蘗木。木瓜。燒灰。水鐵矢。火燒投水。竝殺魚。巴菽毒魚。撇欖木爲楫撥魚盡浮。出於群書者。捕魚從亥日大得。涸水之精曰蠔。以名呼可取魚鱉。又有呪魚不得一魚術。卽揭諦呪。但志心默呪曰。伊諦彌諦彌揭羅諦七遍。使漁者終日無得。此見陳眉公《妮古錄》。】

[여름]

풍진세상 잊으려 너른 바다의 맥을 짚다
– 현진 〈조어〉

배 띄워 낚시하나 물고기 물지 않고
– 관아재 조영석 〈강상조어〉

두 얼굴을 지닌 한 풍경
– 겸재 정선 〈공암층탑〉, 〈소요정〉

자료 2 실학자의 눈으로 본 낚시
– 전어지

夏夏夏夏夏夏夏夏夏夏夏夏夏夏
夏夏夏夏夏夏夏夏夏夏夏夏夏夏
夏夏夏夏夏夏夏夏夏夏夏夏夏夏
夏夏夏夏夏夏夏夏夏夏夏夏夏夏
夏夏夏夏夏夏夏夏夏夏夏夏夏夏
夏夏夏夏夏夏夏夏夏夏夏夏夏夏
夏夏夏夏夏夏夏夏夏夏夏夏夏夏
夏夏夏夏夏夏夏夏夏夏夏夏夏夏
夏夏夏夏夏夏夏夏夏夏夏夏夏夏
夏夏夏夏夏夏夏夏夏夏夏夏夏夏
夏夏夏夏夏夏夏夏夏夏夏夏夏夏
夏夏夏夏夏夏夏夏夏夏夏夏夏夏
夏夏夏夏夏夏夏夏夏夏夏夏夏夏
夏夏夏夏夏夏夏夏夏夏夏夏夏夏
夏夏夏夏夏夏夏夏夏夏夏夏夏夏
夏夏夏夏夏夏夏夏夏夏夏夏夏夏

풍진세상 잊으려
너른 바다의 맥을 짚다

현진玄眞 〈조어釣魚〉

이 중에는 시름 없으니 어부의 생애로다
일엽편주一葉片舟를 만경파萬頃波에 띄워 두고
사람 세상 다 잊었으니 날 가는 줄 알겠는가

굽어보니 천심녹수千尋綠水 돌아보니 만첩청산萬疊靑山
십장홍진十丈紅塵이 얼마나 가리웠나
자연에 달 비치니 더욱 무심하여라
— 이현보李賢輔, 「어부사漁父詞」 중

낚을 수 없는 것을 낚아 올리다

볼락을 낚는 것은 언제나 즐거운 일이다. 특히 고요한 밤, 민장대 하나 달랑 들고 갯바위에서 바닥을 더듬는 볼락 낚시는 낚시꾼에게 온갖 정취를 불러일으킨다. 볼락은 보랏빛을 띤 갈색 몸, 뾰족한 주둥이에 툭 불거진 눈을 한 바닷물고기다. 요즘은 이 볼락을 낚기 위해 인조 미끼로 물고기를 유인하는 루어 낚시도 많이 하지만 과거에는 주로 맥낚시를 했다. 맥낚시란 찌를 달지 않고 오로지 봉돌과 바늘만을 써서 물속을 탐색하는 낚시법을 말한다. '맥을 짚는다'라는 표현처럼 봉돌과 바늘만으로 바다을 톡톡 짚어 가면서 입질을 기다리는 낚시다. 낚싯대와 낚싯줄, 그리고 손을 통하여 느껴지는 감촉만으로 물고기를 낚다 보면 어느 순간 물고기뿐 아니라 강물의 떨림과 자연의 숨결까지 온몸에 전해져 온다. 맥낚시의 매력은 바로 이렇게 낚을 수 없는 것을 낚는 데 있다.

다음 그림은 우리나라 미술사에 달랑 그림 한 장과 아호만을 남긴 화가 현진의 〈조어〉다. 그가 어떤 그림을 그렸고 실제 어떤 삶을 살았는지는 알려져 있지 않다. 그저 조선시대에 살았을 것으로 추정될 뿐. 그가 그림을 통해 세상에 남긴 것이라고는 바위 위에서 교

〈조어〉, 현진, 제작연도 미상, 지본담채, 37.3×62.1cm, 국립중앙박물관.

교히 밤낚시를 즐기는 낚시꾼과 그와 벗하듯 떠 있는 둥근달, 그리고 바다 물결 소리뿐이다.

대개들 그림의 배경을 강가의 바위 절벽이라고 생각하는데 나는 이곳이 강이 아닌 바다라고 본다. 달이 물 위에 훤하게 떠 있는 경치를 볼 수 있는 곳은 실상 바다나 큰 호수뿐인데, 나무 한 그루 없이 이처럼 바위만 있는 호숫가는 찾아보기 어렵기 때문이다.

그림 속의 낚시꾼은 남해의 어느 바닷가에서 볼락 낚시를 하고 있었을 것이다. 고즈넉한 어느 여름날, 어둠이 채 깔리기도 전에 수평선 위로 달이 두둥실 떠올랐으리라. 밀물이 높을 때인 사리에는 물살도 거칠 테니 아마 이 사람은 물이 천천히 흐르는 직벽 갯바위 홈통 그늘에 숨어들었을 것이다. 그 속에서 볼락을 한 마리씩 야금야금 뽑아 내는 손맛을 기대했을 것이다. 오른손으로 살살 볼락의 식욕을 약 올리듯 시울질(물고기의 식욕을 돋우기 위해서 줄에 달린 미끼를 움직이는 일)하다가 팔이 뻐근했는지 낚싯대를 왼손으로 바꿔 들었으리라.

지금도 갯바위에서 볼락 낚시를 할 때는 물가에 바짝 붙지 않는다. 볼락은 작은 인기척뿐 아니라 기상이나 기온 변화에도 매우 민감한 물고기이기 때문이다. 전한前漢시대 『회남자淮南子』란 책을 쓴 유안劉安의 말마따나 모름지기 "낚시꾼이라면 조용해야 물고기 한 마리 낚는 법", 하루에 열두 번도 넘게 천기를 본다는 물고기를 잡으려면 볼락보다 더 삼가 몸을 숨기고 조심해야 할 일이다.

〈조어〉 부분

 그렇기 때문에 볼락 낚시는 잘 아는 곳에서 할수록 유리하다. 그림을 보면 먼 곳의 바위 절벽은 시커멓지만 낚시꾼이 앉은 자리는 달빛을 받아 훤하다는 것을 알 수 있다. 낚시꾼 앞 물에 잠긴 바위도 달빛이 닿지 않은 부분은 그림자 때문에 어둡게 보이지만 위쪽은 달빛을 받아서 밝게 보인다. 물 위로 드러난 바위 아래로 물속에 잠긴 바위의 나머지가 보인다. 이런 자리가 바로 볼락 낚시의 명당자리다.

그래서 "쓰러질 듯 기우뚱한 바위가 험악하다"나 "아가리를 벌려서 곧 집어삼킬 기세"라는 표현은 바다에서 낚시를 해 보지 않고 하는 말이다. 이처럼 아름다운 풍광에서 낚시 삼매에 빠졌는데, 왜 바위가 낚시꾼을 노려보겠는가.

달덩이가 낚시꾼의 오른편에 뜬 것을 보니 남풍이 자주 부는 초여름일 것이다. 낚시꾼은 바람을 피해 북쪽을 향해 앉아 팔과 다리를 반쯤 걷어붙였다. 예나 지금이나 낚시꾼들이 달빛을 머금은 초릿대를 쳐다보는 모습은 한결같다. 요즘에는 케미컬라이트chemical light라는 발광체가 있어서 초릿대 끝의 움직임을 더 쉽게 알아볼 수 있다. 하지만 달빛이 밝을 때는 외려 케미컬라이트도 소용없다. 그럴 때일수록 손끝의 감각을 더 살려야 한다.

그림 속 낚시꾼의 눈매를 보면 그가 지금 한창 온몸의 촉수를 뻗어 '쪼우는'('조이다'라는 뜻의 경상도 사투리) 중이라는 것을 알 수 있다. 옷차림만 달라졌을 뿐 요즘도 볼락은 이렇게 맥낚시로 자주 낚는다. 조선 시대 낚시꾼이 갯가에 앉아 볼락을 낚는 모습을 생생하게 묘사한 이 그림에, 나는 이름 그대로 '볼락 낚시'라는 별칭을 붙여 주고 싶다.

달빛은 미치지 않는 곳 없이 휘영청 밝지만, 골이 깊어 주변보다

한층 어두운 바위 밑은 물고기들의 또 다른 은신처다. 그래서일까? 사리 때라 물속에 잠긴 바위 부근에 이는 물이랑이 꼭 물고기 떼 같다.

베일에 싸인 화가 현진의 삶

이 그림은 배경이 거의 비었다 할 정도로 여백의 미가 도드라진다. 진실로 '허虛'와 '실實'이 상생하니, 그리지 않은 모든 여백이 자체로 그림이 되었다. 이토록 그림의 빈 공간이 전체 장면과 어우러지기도 어렵다. 김홍도의 〈주상관매도舟上觀梅圖〉가 배경을 생략하고 보는 자와 보이는 객체만을 그린 '허실상생虛實相生'이라면, 이는 자연이 보여 주는 그 모두를 사실적으로 그려 보임으로써 눈에 보이지 않는 숨은 것까지 다 나타내 보인 '실허상생實虛相生'이라 할 만하다.

적막한 허공에는 화가의 호가 낙관과 함께 떠 있다. 낙관이나 화가의 이름은 흔히 왼쪽이나 오른쪽 끝에 자리하지만, 한 가운데 걸린 화가의 이름과 낙관은 다소 어색한 밤풍경 같다. 한편 새 같기도 하고, 하늘로 치솟다 만 이무기 같기도 하다. 붉은 낙관은 영락없는 여의주다. 혹 생전에 이루지 못한 꿈이나 한을 이런 식으로 슬쩍 드러내고 싶었던 것은 아닐까?

현진, 이런 호를 사용한 화가가 누군지는 아무도 모른다. 하지만 예사롭지 않은 이름이다. 역사상 현진이라는 이름을 가진 이는 진주의 청곡사 목조석가여래삼존좌상木造釋迦如來三尊坐像과 월명암 목조아미타여래좌상木造阿彌陀如來坐像을 만든 17세기의 승려 현진이 있으나, 스님이 이런 그림을 그릴 까닭이 없으니 그림을 그린 이가 누군지 못내 궁금하다.

현진이라는 이름은 현진자玄眞子를 생각나게도 한다. 현진자란 연파조수煙波釣叟라는 호를 쓴 당나라의 문인 장지화를 말한다. 연파조수는 '물안개 속에서 낚시하는 늙은이'라는 뜻이다. 장지화는 열여섯 살에 과거에 급제하여 당나라 숙종肅宗으로부터 지화라는 이름을 받았지만 벼슬에서 물러나 『현진자』라는 책과 「어가자」 다섯 수를 남기고 후세에 신선으로 추앙받았던 인물이다.

우리나라에서도 조정에서 물러난 수많은 선비들이 강호에 은거하며 장지화를 인용했다. 고려 때 「죽부인전竹夫人傳」을 쓴 가정稼亭 이곡李穀은 "무엇이 남쪽 강의 안개비와 같으랴, 천금으로도 어부

도롱이와 바꾸지 않으리"라고 했고, 그의 아들이자 고려 삼은(三隱, 고려 말 절의를 지킨 세 학자의 총칭) 중 한 사람인 목은牧隱 이색李穡은 "남달리 비껴 부는 바람과 가랑비를 좋아하니, 녹도롱이에 청삿갓 쓴 거나 본받고 싶네"라고 했으며, 『동문선東文選』의 편찬자 사가정四佳亭 서거정徐居正은 "도롱이 입고 부들 삿갓 쓴 현진자는 어디 있는지, 창랑가를 부르며 나도 그를 찾고 싶네"라고 했다. 『삼강행실도三綱行實圖』를 잘 다듬은 이헌頤軒 허침許琛은 "내 평생에 가장 사랑하는 건 현진자니, 부들 삿갓에 도롱이 입고 안온하게 세월을 지내리라" 했으며 천문, 지리, 의술, 병서 등 갖가지 학문에 다 뛰어났던 조선 중기 문신인 계곡谿谷 장유張維는 "장한 절개를 사마처럼 기둥에 쓰지도 못한 채, 돌아가고 싶은 마음은 공연히 장지화의 도롱이를 그리네"라고 했다. 또한 장지화를 흠모한 나머지 '초상연파조수지가(苕上煙波釣叟之家, 물안개 속에 낚시하는 늙은이의 갈대 위에 있는 집)'라는 나무로 된 방榜을 만들어 걸어 두고 기記를 써서 남긴 정약용은 "석두저노(石竇猪奴, 끝없이 공부했지만 관직에서 밀려 돼지나 키우다 죽은 왕필의 이야기)의 일은 완전히 포기하고 한가하게 연파조수 집의 일이나 기록하니, 서쪽으로 가면 서울은 백 리도 다 안 되건만 이빨도 다 되어 가니 벌써 마음이 멀어졌네"라고 했다.

장지화가 이토록 많이 인용된 이유는 그의 행적과 그가 남긴 「어가자」라는 시 다섯 수 때문이다. 그중 가장 많이 인용된 첫 수는 이렇다.

> 서새산에는 해오라기 날고, 西塞山前白鷺飛
> 복숭아꽃 흐르는 물에는 쏘가리가 살찐다. 桃花流水鱖魚肥
> 푸른 부들 삿갓에, 靑蒻笠
> 풀빛 도롱이, 綠蓑衣
> 비껴 부는 바람 가랑비에도 돌아가지 않는다. 斜風細雨不須歸

복사꽃잎 흩날리다 내려앉아 조각배처럼 물 위를 가르니 이곳이 바로 선계仙界가 아니고 또 무엇인가. 기다렸다는 듯 살찐 물고기가 상류로 오르니, 부들 삿갓에 도롱이 걸친 낚시꾼의 발길이 집으로 쉬이 떨어질 리 만무하다. 돌아가지 못하는 것은 비단 그의 육신만이 아니리라. 빈 하늘에 걸린 둥근달에 기대어 하염없이 입질을 기다리는 낚시꾼, 그렇다면 화가는 세상 속에서 무엇을 낚고자 하였을까? 벼슬을 내려놓고 초야에 묻힌 장지화나, 그 처지에 깊이 공감하여 장지화의 시를 즐겨 인용한 조선 선비들의 마음에는 같은 달이 뜨지 않았을까?

 광해군 시절, 이조참판을 지냈던 정온鄭蘊은 영창대군의 처형을 반대하여 십여 년이나 귀양살이를 했다. 병자호란 때는 청나라 군사가 남한산성을 포위했는데도 "명나라를 배반하고 청나라에 항복하는 것은 옳지 못하다"며 끝까지 결사항전을 외치다가 인조가 끝내 청 태종에게 무릎을 꿇자 칼로 배를 찔러 자결을 시도했다. 이를 목격한 그의 아들이 창자를 배에 넣고 꿰맨 덕에 가까스로 목숨을 구했지만 고향으로 내려간 뒤 다시는 조정에 나가지 않았다. 그는 「안지당安知堂의 시를 차운次韻하다」는 시를 남겼다.

> 내 인생의 명운 기괴한 것을 한탄하지는 않으나, 不恨吾生命數奇
> 이 세상에 마음 알아줄 사람 없음이 시름겹네. 只愁今世斷心知
> 위태로운 성에서는 이미 장사의 복조를 지었고, 危城已賦長沙鵩
> 곡도에서 외로이 초택의 가사를 읊었네. 鵠島孤吟楚澤辭
> 생사 간의 생각으로 눈물이 흐르고, 生死念關均有淚
> 서남으로 길이 끊겨 쓸데없는 생각하네. 西南路絶費相思
> 주옥같은 글을 읽자 황성이 저무니, 瓊琚詠罷荒城暮
> 바다에 비친 달은 분명 양쪽 땅에 다 드리우리. 海月分明兩地垂

현진 또한 동계와 같은 마음으로 자신의 이름을 허공에 쓰지 않았을까? 그 또한 벼슬길에 올랐다가 어떤 연유로 남해 바닷가까지 내려오게 되었으리라. 자연을 벗 삼아 홀로 그림을 그리며 수없이 자신이 꿈꾸었던 세상을 방생하였을지도 모른다. 그게 아니라면 거꾸로 한적한 어촌에 살면서 입신양명을 꿈꾸었던 선비 화가였을 수도 있다. 홍진을 등지고 볼락 낚시에 몰입한 자신을 그림 속 은자에 빗대었을지도 모른다. 그러다가 어떤 깨달음이 찾아와 홀연히 그림 속으로 들어가 버린 것은 아닐까? 끝내 자신의 미망을 풀어 주고 온 바다를 끌어안았을지도. 선비의 다음 이야기가 몹시 궁금하다.

참고자료

유안, 『회남자』 제17권 「설림훈說林訓」, 釣者靜之, 得魚一也.
이곡, 『가정선생집稼亭先生文集』 제16권, 寄金仲始思補, 誰似南江煙雨裏, 千金不換一漁蓑; 이색, 『목은시고牧隱詩藁』 제13권, 次圓齋韻, 獨愛斜風幷細雨, 綠簑靑蒻欲相師; 서거정, 『사가시집보유四佳詩集補遺』 3 公州十景, 蓑衣蒻笠玄眞子, 我歌滄浪欲相訪; 허침許琛, 『속동문선續東文選』 제8권, 平生最愛玄眞子, 蒻笠蓑衣穩度年; 장유, 『계곡선생집谿谷先生集』 제30권, 別畸翁後有懷, 壯節未題司馬柱, 歸心空戀志和簑; 정약용, 『여유당전서與猶堂全書』 제1집, 시문집詩文集 제6권, 松坡酬酢, 全抛石寶猪奴業, 閑著煙波釣叟家, 西去京城未百里, 自從齒暮已心遐.

배 띄워 낚시하나 물고기 물지 않고

관아자觀我齋 조영석趙榮祏 〈강상조어江上釣魚〉

자다가 일어나 문에 나가 바라보니, 睡起出門望
동풍이 나그네 옷에 불고 있네. 東風吹客衣
정오가 되니 새소리 부드러운데, 日午鳥聲和
나와 놀지만 그리움은 끝이 없네. 游子思依依
애기 풀에 이끼 낀 길 따뜻한데, 細草暖苔徑
부드러운 버들가지는 물가 바위로 늘어졌네. 弱柳垂石磯
남쪽 강에서는 쏘가리 낚을 수 있고, 南江可釣鱖
북쪽 산에서는 곧 고사리 캐겠지. 北山將採薇
공명은 칭찬과 폄훼가 반반이니, 功名半譽毁
나가나 머무나 시비가 많다네. 出處多是非
늦은 봄이 이미 가까이 보이니, 暮春看已近
누구 따라 함께 기수에서 목욕할꼬. 誰從共浴沂
— 이종학李種學, 「우음偶吟」

한 평생 물가를 차지하고 앉아

　수면에 드리워진 초릿대가 제법 굵다. 작은 물고기 따위에는 관심도 없는 듯 낚시꾼의 자세도 한결 느긋하다. 정중동靜中動이랄까. 대물 하나가 걸리면 득달같이 달려들어 낚아 올리고 말 태세다. 각진 낚싯줄은 적어도 명주실은 아닌 것 같다. 제아무리 질겨도 그것으로 굵은 놈들을 상대하긴 버거울 테니. 예전에는 참외나 오이의 덩굴 또는 등나무 껍질 등을 낚싯줄로 사용하기도 했다. 서유구는 『전어지』에서 "참외 줄기를 햇볕에 말리면 철선과 같이 질겨서 자르기가 힘들다. 낚싯줄로 사용하는데, 어부들이 가장 소중히 여긴다"라고 했다.

　물가에 바위가 있으니 수심도 꽤 깊을 것이고, 갈대가 우거져 있으니 먹잇감도 풍부하리라. 아직 갈대에는 꽃망울이 안 보이니 6월쯤 되려나. 키가 껑충한 것으로 보아 갈대의 한 종류인 물대인 듯하다. 물대는 갈대보다 2~3미터가량 더 자란다. 주로 남부 지방에서 볼 수 있는 다년생 벼과식물이니 관아재觀我齋 조영석趙榮祏이 의령 현감을 할 무렵에 그린 게 아닌가 싶다. 그가 봉직했던 제천이나 안음에는 이렇게 큰 강은 없었다. 서울은 또 이런 물대가 잘 자라지

〈강상조어〉, 조영석, 제작연도 미상, 견본담채, 49×78.5cm, 국립중앙박물관

못한다. 반면 의령은 남덕유산에서 발원한 남강이 진주를 거쳐 낙동강으로 들어가는 하류 부근에 있으니 딱 이 그림 속 풍경과 맞아떨어진다 하겠다.

호수나 강에서 낚시를 할 때 바람이 불면 물 표면에 흐름이 드러난다. 바람이 한꺼번에 강이나 호수를 쓸고 가는 게 아니라 잔물결이 이는 자리와 일지 않는 자리가 구분이 된다. 이렇게 바람이 지나가면 수온이 내려가 입질이 끊길 때도 많다. 그림의 낚시꾼도 한동안 물고기가 잡히지 않아 팔이 저렸는지 뱃전에 낚싯대를 잠시 내려 둔 상태다. 하지만 시선은 낚싯줄에 고정되어 있다. 두 눈만은 댕그랗게 뜨고 '요것들이 걸릴 때가 되었는데……' 하는 표정으로 수면을 바라본다.

배 위에는 짚이나 띠, 부들 따위로 엮어 만든 뜸이 보인다. 얼핏 보면 거적때기 같다. 하지만 이것은 볕과 비를 막아주는, 지금으로 치면 차양이다. 그 앞에 문장(門帳, 장막)까지 달아둔 것을 보니 배에서 잠도 자고 밥도 해서 먹나 보다. 그가 은일군자나 선비였다면 장지화나 예원진倪元鎭처럼 글이라도 한 줄 써 붙였겠지만 그런 건 없다. 밭 갈고 일하다가 틈이 나면, 그저 조선 중기 문신인 황섬黃暹이 『식암집息庵集』에 썼던 것처럼 "잘 뻗은 대나무에 낚싯줄 달고 침으로 낚싯바늘 만들어 일생 동안 이 물가를 차지하면서" 낚시를 하는 사람 같다.

앞가슴 다 풀어헤치고 팔다리 둥둥 걷은 모습이 물에 발을 담그거나 손을 씻으며 기품 있게 더위를 식히던 선비의 모습과는 딴판이다. 모자는 밀집으로 만든 것으로 보이는데 가운데가 뚫려 있다. 머리가 많이 빠졌는지 상투 자락은 조그맣다. 왼팔은 무릎 위에 걸쳤고 오른손은 배를 짚고 있다.

화가는 낚시꾼의 맞은편에 앉아 그 모습을 오래 바라보며 그려낸 것 같다. 시원스러우면서도 세세한 붓 터치가 쉽게 그린 그림이 아니다. 갈댓잎을 거침없는 선으로 그려 낸 것도 예사롭지 않다. 그림을 그릴 당시 불었던 바람까지 화폭에 담아낸 듯 생생하다. 두 줄로 뻗은 굵은 선과 엇나간 작은 선들이 어우러져 바람에 부대끼는 모습도 마찬가지다. 그러면서도 선이 복잡하거나 날린다는 느낌은 들지 않는다. 외려 사선으로 쭉 뻗은 대나무 줄기와 그것을 가로지르는 댓잎들이 낚시꾼을 감싸 안아 안정된 느낌을 준다.

시대의 천재를 저버릴 수 없어

그림을 그린 관아재 조영석은 정3품에 오른 사대부였다. 시서화에 골고루 능해서 삼절이라 불렸고, 겸재謙齋 정선鄭敾, 현재玄齋 심사정沈師正과 더불어 그림을 잘 그린 삼재三齋 중 한 사람으로도 꼽혔다.

조선 후기 실학자 이덕무李德懋는 일찍이 조선의 여러 고을에서 벼슬을 하면서 다양한 사람들과 교유했다. 그가 외직을 마치고 돌아와 관아재의 화폭을 보고는 훗날 이렇게 책에 쓰기도 하였다. "백악산(현재의 북악산) 근처에서 이웃하고 살았는데, 그때에 그림 잘 그리던 정겸재, 조관아재와 더불어 문채文采와 풍류가 휘황찬란했다"

당시 조선의 시서화 발전에 주도적인 역할을 한 정선과 이병연李秉淵 등에 관한 기록을 담은 조영석의 「겸재정동추애사謙齋鄭同樞哀辭」에는 정선의 성실한 도덕관념과 화가로서의 착실한 수련 과정, 화풍의 연원과 특징, 저자 조영석과의 돈독한 우정 등이 적혀 있어서 당시의 문화를 이해하고 재조명하는 데 큰 도움을 줄 뿐만 아니라 회화사 연구에도 귀중한 자료가 된다.

정선과 삼십 년을 교감한 관아재는 풍속화의 대가로 알려질 만큼 당시 사람들의 생활상을 제대로 묘사한 작품을 많이 남겼다. 관아재는 하늘로부터 받은 솜씨를 감출 수 없어 그림을 즐겨 그렸지만 임금의 초상인 어진御眞을 두 번이나 사양했다. 선비가 어찌 잡기로 임금을 보필할 수 있겠냐는 게 그 이유였다. 끝내 불충이라는 이유로 옥에 갇히기도 하였지만 그는 뜻을 굽히지 않았다. 오죽하면 그가 그린 풍속화집 『사제첩麝臍帖』에는 "남에게 보이지 말라. 범하는 자는 내 자손이 아니다〔勿示人 犯者 非吾子孫〕"라는 경고까지 적혀 있을까. 사제는 사향노루의 배꼽이다. 사냥꾼에게 잡히는 것이 자신의 배꼽에서 나오는 향기 때문이라고 생각하는 사향노루처럼, 자신에게는 향기로워도 그림을 잡기라 여기는 다른 사대부들에게는 다른 냄새로 다가갈 수 있다고 판단한 것이다.

관아재의 시대가 한참 지나고서도 그림은 양반이 아닌 중인들이나 그리는 것이라고 생각하는 사람들이 많았나 보다. 추사秋史 김정희金正喜는 그의 뒤로 "110년 간 사대부 중 그림을 그리는 자가 없다"라고 하며 안타까워했다. 그러나 타고난 재능이 흘러넘치는 것을 어찌 막으랴. 조선 후기 실학의 전성기를 이끈 연경재研經齋 성해응成海應은 관아재가 그린 병풍에 글을 달고 난 뒤에 평하기를 "연람영요(烟嵐縈繞, 연기와 남기가 얽혀서 둘러싸였다)"라고 했다.

이 그림도 일종의 풍속화라 할 수 있다. 하지만 그림에 등장하는 인물이 물고기를 낚아 먹고 사는 사람은 아닌 것 같다. 딱 봐도 직업인인 어부의 풍모가 전혀 느껴지지 않는다. 단지 대물낚시를 좋아하는 낚시꾼의 모습일 뿐이다. 그렇다고 숨어서 때를 기다리거나 세상을 벗어나 사는 은일군자의 분위기는 더더욱 아니다.

 조선 후기 성리학자 입재立齋 정종로鄭宗魯는 여러 번 관직에 천거되었으나 벼슬길에 나가지 않고 성리학 연구와 강학, 저술에만 전념했다. 정조가 재상 채제공蔡濟恭에게 그의 인품을 물었을 때 그는 "경학과 문장이 융성하여 영남 제일의 인물이다"라고 칭송한 바 있다. 정종로가 남긴 『입재집立齋集』「어부사漁父詞」에는 다음과 같은 글이 남아 있다.

> 가을 물에는 갈대꽃이 여울을 따라 흐르고, 秋水蘆花灘
> 봄물에는 복숭아 꽃 흐르는 것이라네. 春水桃花流
> 이때가 물고기 살찌는 시기라, 此時魚正肥
> 석양에 낚싯바늘 제대로 건다네. 夕陽善掛鉤
> 바위에 의지하여 조용히 낚싯대를 던진 후, 依巖靜投竿
> 배는 잠시 언덕에 매어 두면, 傍岸暫維舟

향기로운 미끼는 갑자기 가라앉아 사라지고, 芳餌乍滅沒

금빛 비늘들이 다투어 오르내리지. 錦鱗爭沉浮

저녁이 되면 낚싯줄 감고, 向晚捲釣絲

노를 당겨 아래 있는 물가로 가는데, 叩枻下前洲

이런 깊은 취미 아는 사람 없을 것이니, 無人識深趣

크게 부르는 노래는 흐르고 멈추는 것에 맡겨 둔다네. 浩歌任行休

    어부는 언제 물고기가 살이 오르는지, 어디에 물고기가 많이 모이는지, 어떻게 하면 그 물고기를 잡을 수 있는지 잘 안다. 그러니 홀로 배를 타고 돌아오는 길에도 노래가 끊이지 않는다. 저녁 해에 낚싯바늘 걸어 놓고, 배는 잠시 언덕에 매어 둔 어부의 모습이 벼슬길에 나가지 않고 학문 정진에 힘쓴 입재의 모습과도 잘 어우러진다.

    그림 속 낚시꾼도 이런 생각으로 물에 나오지 않았을까? 헌데 물고기의 입질은 뚝 끊겨 강 위에서 하는 낚시가 영 싱거운 모양이다. 호량객濠梁客도 아닐진대 입질하지 않는 물고기의 마음을 누가 알까.

    호량객이란 『장자莊子』「추수秋水」편에 나오는 이야기다. 하루는 장자가 그의 친구인 혜자惠子와 함께 호수濠水의 다리에 갔다. 장자가 말하기를 "피라미가 나와서 조용히 놀고 있으니, 이는 저 물고기의 낙樂이네"하고 하자, 혜자가 묻기를 "자네는 물고기가 아닌데, 어떻게 물고기의 낙을 안단 말인가"라고 하니, 장자가 말하기를 "자네는 내가 아닌데, 어떻게 내가 물고기의 낙을 모른다는 것을 안단 말인가?"라고 했다. 혜자도 지지 않고 이렇게 되받았다. "내가 자네가 아니니, 자네를 알지 못하네. 또한 자네가 물고기도 아니니, 자네가 물고기의 즐거움을 알지 못한다는 것도 틀림없는 사실이네" 그러자 장자가 말하기를 "얘기를 그 근본으로 되돌려 보세. 자네가 이르기를 어떻게 물고기의 즐거움을 아는가 하고 물었던 것은, 이미 내가 물고기의 즐거움을 알고 있음을 알았기 때문이고, 그래서 나에게 그런 질문을 한 것인데, 나는 호수 위의 즐거움을 알고 있다네"라고 한 데서 온 말이다.

당연히 낚시를 하다 보면 하루 종일 한 마리도 못 낚을 때가 있고, 바늘을 삼키는 것은 잔챙이뿐일 때가 있다. 그러면 개구리나 거머리가 바늘을 건드려도 물고기라 생각하는 법이다.

그림의 묘미는 일상을 담는 것

햇볕이 강하게 내리쬐는 초여름 모래톱에 아지랑이가 잔뜩 피어오르는지 먼 산은 잘 보이지 않는다. 고려 시대 명문장가인 이규보李奎報라면 "연기도 아니고 안개도 아닌 것이 겹겹으로 끼어"라고 표현했을 것이며, 지금은 전해지지 않는 『백가의百家衣』란 책을 쓴 고려 후기의 문신인 임유정林惟正이라면 "이내는 검푸르게 아름아름하여"라고 표현하고, 정약용이라면 "살짝 낀 아지랑이와 흐릿한 기운에 낮 시간이 그리도 긴"데라고 말했을 법한 때다. 한낮을 훌쩍 넘겼는데도 낚시꾼은 물고기를 전혀 낚지 못한다. 그러다가 돌아가

〈강상조어〉 부분

는 길에는 좋은 경치에 대한 시로 유명한 조선 후기 시인 이홍유李 弘有처럼 "저녁이 옅게 깔리면 버드네 포구에 배를 묶는데, 긴 물결은 그치지 않고 유유히 푸르겠지."라며 어부사 한 자락이라도 하고 갈지 모르겠다.

  병약한 경종 대신 훗날 영조가 된 연잉군을 왕세제로 세워야 한다고 주장했던 스승 이희조李喜朝가 이 신임사화辛壬士禍로 귀양 가다 죽은 것을 보고, 관아재는 평생 조심해야 할 4대 욕심으로 삶〔生〕, 색〔色〕, 벼슬〔宦〕, 재물〔財〕을 꼽아 묘지명에까지 새기기도 하였다.

  그림 속 낚시꾼은 풍속의 사람이고, 아지랑이에 묻힌 산은 관아재 자신의 생각을 표현한 모습이라 하겠다. 낚시꾼의 눈높이에 맞춰 그린 그의 시각에서 속인을 바라보는 권위의식 같은 것은 전혀 찾아볼 수 없다. 조선조에 나온 '조어산수도釣魚山水圖'라는 제목을 가진 그림들을 보면 대개 산과 나무, 그리고 새와 달 등은 비슷비슷하게 신경을 썼지만 정작 낚시꾼은 대충 그린 것을 볼 수 있다. 낚시하는 모습에 대한 관찰력도 떨어진다. 낚싯대나 낚싯줄, 심드렁한 낚시꾼의 모습도 그저 소품일 뿐, 고유의 풍속을 담아냈다는 생각은 들지 않는다.

그러나 겸재나 관아재를 필두로 한 조선 풍속화에선 적어도 낚시하는 모습에 심혈을 기울인 것을 볼 수 있다. 이덕무는 관아재의 그림을 두고 "문인재사로서 통속通俗을 모르면 훌륭한 재주라고 할 수 없다. 이런 몇몇 사람은 그 미묘함을 상세하게 표현했는데, 만약에 속된 풍속이라고 물리친다면 인정이 아니다"라고 했다. 실로 속인을 그린 그림에서 관아재는 그 속俗을 있는 그대로 바라보았음을 알 수 있다. 결코 아래로 깔보지 않았다. 평범한 일상을 그려 그 속에 자신의 심경을 슬쩍 담아낸 것이다.

  관아재의 또 다른 그림 〈말징 박기〉 옆에는 이런 발문이 쓰여 있다. "물체를 형용하는 묘미는 베끼는 것이 아니라 생활을 그리는 데 있다〔狀物之妙, 羞從絹素想承, 作生活〕"

참고자료

서유구, 「전어지」, 釣籍, 舔瓜蔓 晒乾勁如鐵線 截之難斷 用爲釣線 漁家 最重之.
황섬, 『식암집』제2권, 江上釣翁, 篛竹縉絲針作鉤, 一生長占一磯頭.
이덕무, 『청장관전서靑莊館全書』제32권, 槎川之時, 畫則趙觀我齋榮祏, 鄭謙齋歚, 俱居白岳. 文采風流. 輝暎一時.
김정희, 『완당전집阮堂全集』제10권, 士夫畫者今無傳, 觀我齋來百十年.
이규보, 『동국이상국후집東國李相國後集』제6권, 虔州八景詩, 非煙非霧襲重重; 임유정, 「동문선東文選」제13권. 「제개골산장연사집구題皆骨山長淵寺集句」, 嵐光靄靄晴猶潤; 정약용, 『여유당전서』제1시문집 제5권, 山居雜興, 澹霭晴嵐畫刻長; 이홍유, 『둔헌집遯軒集』제3권, 遜敬次樂愚堂主人九曲韻, 薄晚維舟楊柳浦, 長波不盡碧悠悠; 유척기俞拓基, 『지수재집知守齋集』제10권, 「돈령부 도정 조공묘지명敦寧府都正趙公墓誌銘」, 人有四大欲, 生也色也宦也財也.
성해응, 『연경재전집속집硏經齋全集續集』제11책, 題觀我齋畫屛後.
이덕무, 『청장관전서靑莊館全書』제52권, 耳目口心書, 文人才士, 不知通俗, 不可謂盡美之才也. 此數子者, 曲盡其妙. 若以俚俗斥之, 非人情也.

夏夏夏夏夏夏夏夏夏夏夏夏夏
夏夏夏夏夏夏夏夏夏夏夏夏夏
夏夏夏夏夏夏夏夏夏夏夏夏夏
夏夏夏夏夏夏夏夏夏夏夏夏夏
夏夏夏夏夏夏夏夏夏夏夏夏夏
夏夏夏夏夏夏夏夏夏夏夏夏夏
夏夏夏夏夏夏夏夏夏夏夏夏夏
夏夏夏夏夏夏夏夏夏夏夏夏夏
夏夏夏夏夏夏夏夏夏夏夏夏夏
夏夏夏夏夏夏夏夏夏夏夏夏夏
夏夏夏夏夏夏夏夏夏夏夏夏夏
夏夏夏夏夏夏夏夏夏夏夏夏夏
夏夏夏夏夏夏夏夏夏夏夏夏夏
夏夏夏夏夏夏夏夏夏夏夏夏夏
夏夏夏夏夏夏夏夏夏夏夏夏夏
夏夏夏夏夏夏夏夏夏夏夏夏夏

두 얼굴을 지닌 한 풍경

겸재謙齋 정선鄭敾 〈공암층탑〉, 〈소요정〉

낚싯대 들고 한가로이 와서 혼자 기대섰는데, 把釣閑來獨倚立
비가 새 물을 더했는데도 오히려 더욱 푸르네. 雨餘新水尙涵碧
부평초 움직이는 곳에 물결 흩어지고, 浮萍動處水紋散
물고기들 때때로 잠기었다 다시 뛴다. 魚戱有時潛復躍
잠깐 낚은 고기 회도 치고 국 끓이니, 斯須釣出作膾羹
술을 산 건 이미 알아 병에 가득 채워 오네. 沽酒已知來滿瓶
인생을 뜻대로 사는 일 예로부터 중했으니, 人生適意古所重
엄광嚴光이 어찌 공후公侯의 이름을 부러워하랴. 嚴光豈羨公侯名
— 이정(李婷, 1454~1489), 「입석조어立石釣魚」

사라진 정자는 어디로 갔을까?

꼭 닮은 그림 두 점이 있다. 하나는 『경교명승첩京郊名勝帖』에 있는 〈공암층탑孔嵒層塔〉, 다른 하나는 『양천팔경첩陽川八景帖』에 있는 〈소요정逍遙亭〉이다. 비슷해 보이면서도 전혀 다른 뉘앙스와 삶의 태도를 취하고 있는 두 그림은 모두 겸재 정선이 양천 현감으로 있을 무렵, 그러니까 지금의 서울시 가양동 탑산 구암공원 중턱을 그린 것이다.

그림 속 공간은 안타깝게도 지금 사라지고 없다. 1980년대 올림픽대로를 건설하면서 육지로 둔갑해 버린 것이다. 저 단양의 도담삼봉에 비견될 만한 절경이 사라져 버렸다는 사실이 애석하기만 하다. 단 하루도 공사 중이 아닌 날이 없으니, 이 땅의 개발 논리는 수천 년간 그 자태를 뽐내오던 아름다운 풍광 하나를 그저 아파트 단지 안 작은 공원으로 옮겨 버렸다. 지금은 겸재 같은 이의 그림이나 선인들의 글에서 그 옛 자취를 더듬어 볼 수밖에.

벼슬길에 오르지 않은 선비였으나 시문에 뛰어나 당대 사대부들로부터 높이 받들어진 완암浣巖 정내교鄭來僑는 "정정한 바위 위에 탑이 있어서, 바위와 탑이 서로 의지하누나"라며 옛 풍광을 기록했

〈공암층탑〉, 정선, 제작연도 미상, 견본채색, 23×29.2cm, 간송미술관

〈소요정〉, 정선, 제작연도 미상, 견본담채, 23×25cm, 개인 소장

고, 영조 시대 전반기의 완론 세력(온건한 정파. 노론과 소론을 구분하지 않고 인재를 등용하자고 주장한 인물들)을 중심으로 이른바 노소탕평을 주도한 녹옹鹿翁 조현명趙顯命은 "아득한 천년의 일을 담고 있는, 옛 탑만 홀로 정정하구나"라고 고고한 정취를 노래했다. 또한 영조의 신임을 받고 탕평론을 주장한 관양冠陽 이광덕李匡德은 "탑은 날아 솟구치는 것 같고 구멍은 영롱한데, 햇살은 정정하게 배 안에 떨어지네"라며 그 경관에 감탄했던 곳이다.

한강은 예로부터 교역의 중심지이자 그 경관이 수려해서 왕이나 사대부는 물론 백성들의 휴식 공간이었다. 특히 그중에서도 마포, 서강, 양화도 부근인 서호西湖 지역은 풍광이 수려하기로 유명했다. 효령대군의 정자인 희우정(喜雨亭, 현재의 망원정)이나 안평대군의 담담정淡淡亭이 있어서 도성 안에 거주하던 공작과 후작, 임금의 인척들의 유원지로도 인기가 많았다.

겸재는 서호 일대의 풍경을 자주 그렸는데, 1740년에 종5품 양천현 현령으로 이곳에서 벼슬살이를 하면서 『경교명승첩』과 『양천팔경첩』 등에 실린 많은 실경들을 화폭에 담았다. 이 중 『경교명승첩』은 겸재가 양천 현감으로 부임할 때 이병연과의 이별을 아쉬워하며 주고받은 시와 그림이며, 『양천팔경첩』은 현감이 되고 나서 근처에서 조망되는 아름다운 선유지 여덟 장소를 선별하여 화폭에 옮긴 것이다.

그런데 『양천팔경첩』에 담긴 〈소요정〉이라는 그림의 제목이 궁금증을 불러일으킨다. 제목이 말하는 소요정이 그림에는 보이지 않기 때문이다. 원래 소요정을 지은 사람은 심정沈貞이라는 인물이다. 중종 때 좌의정까지 지낸 그는 대표적인 훈구 공신 가문 출신이다. 연산군을 몰아낸 중종반정中宗反正에 참여해 정국靖國공신으로 화천군花川君에 봉해지고 이조판서 등의 요직을 거쳤지만, 결국 간사하고 탐욕스러우며 권세를 제멋대로 부린다고 탄핵을 받고 쫓겨나 공암진 탑산 남쪽에 소요정을 짓고 물러나와 살았다. 정자의 이름을 소요정으로 지었으면 장자의 이야기처럼 마음 비우고 소요유逍遙遊하며 살 일이지, 사림 세력을 일거에 날려 버릴 계책을 마련해 중종 14년 11월 15일 기묘사화己卯士禍를 일으켰다. 이게 조광조趙光朝를 죽음에 이르게 한 주초위왕(走肖爲王, 주와 초를 합치면 조가 된다. 즉 조씨가 왕이 된다는 말이다)의 사건이다.

그 뒤에도 권력을 향한 끝없는 욕망을 뿜어 냈는데, 끝내 동궁東宮 저주 사건에 연루되었음이 드러나 중종 25년에 평안도 강서江西로 귀양 갔다가 기묘삼간己卯三奸으로 지목당해 조정암趙靜庵에게 내린 사약賜藥을 자신도 마시고 죽었다. 그게 각시투구꽃 뿌리인지, 비상이 든 약인지는 모르지만.

역사의 죄인이 된 심정의 정자가 제대로 남았을 리는 만무하다. 아마도 심정의 죽음과 함께 정자도 곧 허물어지고 말았으리라. 겸재의 그림 〈소요정〉에도 '소요정'은 없다. 이때도 터만 남아 있었기 때문에 그리지 않았을 것이다. 만약 터가 남아 있었다 하더라도 복심에 품은 독의 가면 역할을 한 정자를 바라보며 겸재의 마음이 편치만은 않았으리라.

훗날 다른 사람들은 명예를 회복했지만 심정은 남곤南袞과 함께 대표적인 소인배로 간주당했다. 둘 다 경빈 박씨와 불륜 관계가 있다는 세간의 설화에 휩싸이면서 '곤정袞貞'이라는 말까지 나돌았다. 곤정은 곤쟁이젓을 말하는데 곤쟁이젓은 감동젓甘冬醢이라 하여 노가재老稼齋 김창업金昌業이 『연행일기燕行日記』에서 수차례나 "돼지고기에 찍어 먹어 보니 정말 맛있다"라고 극찬한 젓갈이다. 명나라에서 요구한 조공품 중 하나일 정도로 귀한 음식이었는데, 훗날 싸구려 젓갈로 바뀐 듯하다. 곤쟁이젓 입장에서야 다소 억울한 일이지만, 역사를 바라보는 민중의 시선이 참으로 엄중하다 하겠다.

물고기 낚시와 우주 낚시

〈공암층탑〉에서 공암孔巖은 그림의 우뚝 솟은 탑산을 말한다. 탑산 바로 옆에 서 있는 두 바위는 광주 바위다. 지금의 구암공원 연못 안에 자리하고 있는 이 바위에는 흥미로운 전설 하나가 전해 내려온다. 원래 경기도 광주에 있던 바위가 큰 홍수에 떠내려 왔는데, 광주 고을 사람들이 잃어버린 바위를 찾다가 양천의 탑산에 걸려 있는 것을 보고는 바위를 내놓으라고 했다. 그러자 양천 사람들이 바위에 대한 값으로 매년 싸리비를 만들어 주었는데, 얼마 후 광주 관아에 "이 바위는 우리 고을에 아무 소용이 없으니 도로 가져가시오. 앞으로는 빗자루도 못 바치겠소"라고 하였다. 하지만 광주 사람들도 바위를 가져갈 방법이 없어 결국 양천 고을에 남고 말았다는 이야기다.

두 그림을 자세히 보면 〈공암층탑〉에는 낚시꾼 혼자서 긴 대를 드리우고 있고, 〈소요정〉에는 낚시꾼 둘이 배를 타고 견지낚시를 하고 있다. 언뜻 〈소요정〉의 두 견지낚시꾼은 전문가 같아 보인다. 뜨겁게 쏟아지는 뙤약볕 아래 갈대를 엮은 것으로 보이는 삿갓을 쓰고, 물살이 콸콸 흐르는 곳을 노리는 모습이 큰 놈 몇 마리 낚아서 시장에 내다 팔려는 것인지, 누구한테 진상을 해야만 하는 것인지, 물고기를 낚아야 한다는 의욕으로 가득 차 있다. 배경의 산이나 나무는 물론이고 멀리 보이는 버드나무, 그리고 공암 바위까지 더 많은 선이 들어 있어 훨씬 세밀하고 사납다. 권세에 대한 욕심을 가지고 있으면서, 그 뜻을 숨겨 소요정이라는 정자를 세운 심정을 빗댄 것일까. 왼손을 내밀어 낚싯줄을 잡고 있는 이는 이제 막 입질이 와서 물고기를 낚아채려는 듯하다. 힘이 들어간 어깨가 앞으로 쏠려 있는 것이 과잉된 의지를 간접적으로 보여 준다.

반면에 〈공암층탑〉은 얼마나 유연한가. 혼자서 긴 낚싯대를 들고 낚시하는 모습은 해맑고 어진 선비의 기품을 고스란히 육화했다. 구름이 많이 낀 날인지, 햇살이 그리 따갑지 않은지 삿갓도 쓰지 않았다. 단지 배 중간에 뜸을 얹어두었을 뿐이다. 마냥 여유롭기만 하다. 그러니 물살도 그 심성을 닮아 고요하다. 기름물(파도 없이 고요한 물을 이르는 옛말)이다. 배가 떠 있는 뒤쪽으로 잔물결이 조금 보일 뿐, 〈소요정〉처럼 센 물살은 어디에도 없다. 원래 강이라는 것이 고요하면서도 묵묵히 흐르는 법 아닌가. 어느 시인의 말대로 깊은 강은 소리 없이 멀리 흐른다. 그와 같은 강물 위에서 하는 낚시는 여유롭다. 이 낚시꾼에게서 물고기를 꼭 낚아야겠다는 의지 같은 것을 찾아보기는 힘들다. 그저 "벼슬자리 막히고 몸이 게으르니 세상의 누가 화내리? 몽뢰정夢賚亭에 있는 머리 흰 사람이, 믿는 것은 조정이니 아무 일도 없는데, 조각배 타고 낚시 오니 한강에 봄이 왔네" 하는 식의 호방한 기운이 한껏 멋들어지게 펼쳐져 있다. 참된 어옹은 물고기 대신 구름을 낚고, 봄을 낚고, 우주를 낚는 법이다.

〈소요정〉 부분

그림 〈소요정〉에 대해 한국농촌경제연구원 선임연구위원을 지낸 견지낚시 고수 이하상 선생이 쓴 주목할 만한 글이 있어 옮겨 본다.

"견지를 하고 있는 인물 가운데 한 사람은 이물(배의 앞부분)에, 또 한 사람은 '멍에 자리〔船腹〕'에 앉아 있다. 앞에 있는 인물은 오른손으로 견짓대를 들고 왼손은 뻗어 줄을 잡고 있는 모습('줄목'을 잡은)이다. (중략) 예전 견짓대는 자연 소재로 만들었기에 지금의 날렵한 대에 비해 둔했다고 한다. 그래서 견지를 할 때 줄에 손을 대고 어신을 포착했다. 1908년에 발간된 『한국수산지韓國水産志』에는 '강물에 배를 띄우고 한 명 혹은 두 명이 한 조가 된다. 바늘에 지렁이 또는 구더기를 달아 물에 던져 넣고, 손가락 끝에 걸어 놓은 실에 고기가 물린 감촉을 기다려 낚아 낸다'는 기록이 있다. 그렇다면 겸재가 견지낚시 모습을 정확히 묘사한 것이다."

겸재는 낚시에 일가견이 있었음이 분명하다. 얼핏 인물의 눈도 보이지 않게 대충 그린 것 같은데도, 동작의 본질을 다 파악하고 있다. 진정 조선 시대 화성畵聖이라 할 만하다. 조선 후기 비판적 지식인 연암燕巖 박지원朴趾源은 『열하일기熱河日記』에서 겸재를 평하기를 "여든이 가까운 나이에, 눈에는 무거운 안경을 쓰고 촛불 아래서 세밀한 그림을 그리는데, 터럭 하나도 놓치지 않는다"라고 했다. 신필神筆이 사물에 대한 집중력과 골똘한 관찰에서 오는 것임을 알 수 있다.

겸재가 그린 〈양화진楊花津〉이라는 그림에서도 빨리 흐르지 않는 물에서 배만큼이나 긴 대를 들고 낚시하는 모습을 볼 수 있다. 수면은 잠든 듯 고요하고 물가의 절벽은 깎아지른 듯 우뚝 솟았다. 일엽편주 낚시꾼만이 유유자적하다. 느긋하게 앉은 맵시나 그늘을 만들고 비를 피하기 위해 배에 얹은 나지막한 뜸, 기상은 여전하지만 훨

〈양화진〉, 정선, 제작연도 미상, 견본담채, 23×25cm, 개인 소장

씬 부드러워진 바위, 그리고 먹의 번짐으로 먼 산을 표현한 선염渲染의 용묵법까지 모두 맑고 정갈한 마음을 그대로 표현하였다. 무르녹은 정취에 바위 기상은 여전히 늠름하니, 이런 게 바로 문인화 아닌가.

**삼공 자리를 준대도
낚시꾼의 이름과 바꾸지 않으리**

〈공암층탑〉에는 겸재의 가장 친한 지기이자 진경 시대를 대표하는 시인 사천槎川 이병연의 글이 적혀 있다.

공암에 옛 뜻 많으나, 孔岩多古意
탑 하나만 아득하구나. 一塔了洪蒙
아래에는 창랑의 물 있고, 下有滄浪水
어부의 노래는 저녁 그림자 속에 있네. 漁歌暮影中

시에서 노래하는 창랑의 물이란 단순히 전국시대 시인 굴원屈原

의 말마따나 "맑으면 갓끈을 씻고 흐리면 발을 씻으리라"의 물은 아닐 것이다. 사천 또한 소요정을 지은 심정의 이야기를 몰랐을 리가 없었으므로 맹자孟子의 해석처럼 창랑자취滄浪自取, 즉 모든 것이 스스로의 수양에 달렸다는 뜻으로 말한 것이리라.

그림에 적힌 이병연의 글

〈공암층탑〉에는 허허로운 낚시꾼의 모습이, 〈소요정〉에는 물고기 낚는 데 전념하는 낚시꾼의 모습이 담겨 있다. 같은 장소에 두 가지 인생사를 담아낸 겸재의 뜻을 짐작할 만하다. 아마도 겸재는 벼슬살이를 하면서도 심정과 같은 시대를 살았던 일재逸齋 성임成任이 지은 「입석조어立石釣魚」의 한 구절을 오래 읊조리며 자칫 흐트러지기 쉬운 자신을 다스리지 않았을까.

"인생이란 마음대로 지내는 데 즐거움이 있으니, 삼공 자리를 준대도 낚시꾼, 나무꾼의 이름과 바꾸지 않으리."

참고자료

정내교, 『완암집浣巖集』 제3권, 春生窩八景, 亭亭巖上塔, 巖與塔相持. 조현명, 『귀록집歸鹿集』 제4권 柳思叔春生窩八詠, 茫茫千載事, 古塔獨亭亭. 이광덕, 『관양집冠陽集』 제2권 柳台春生窩, 塔如飛湧穴玲瓏. 日日亭亭落舟中.
김창업, 『연행일기』 제1권, 「산천 풍속 총록山川風俗總錄」, 제2권 임진년(1712, 숙종 38) 12월 12일(신유), 13일(임술), 14일(계해).
정유길鄭惟吉, 『임당유고林塘遺稿』 하권下卷, 夢賚亭春帖, 官閑身謾世誰嗔, 夢賚亭中白髮人, 賴是朝家無一事, 扁舟來釣漢江春.
박지원, 『연암집燕巖集』 제20권 별집別集 關内程史. 年八十餘 眼掛數重鏡 燭下作細畫 不錯毫髮.
굴원, 「어부사」, 滄浪之水淸兮, 可以濯吾纓, 滄浪之水濁兮, 可以濯吾足.
『맹자』, 「이루離婁」 上.

자료 2 실학자의 눈으로 본 낚시

전어지

전어지

『전어지』는 서유구(1764~1845)가 만년에 저술한 목축, 사냥, 어로 및 물고기에 관한 백과사전 격인 4권의 책이다. 실학파의 학문적 업적을 체계화하고 총 정리한 『임원경제지林園經濟志』에 포함되어 있다. 『전어지』는 지금의 진해에 귀양을 가서 당시 어부들의 생활과 물고기 등을 기록한 김려金鑢의 『우해이어보牛海異魚譜』, 흑산도에 유배되어 그곳의 바다를 기록한 정약전丁若銓의 『자산어보玆山魚譜』와 더불어 우리나라 3대 어보로 알려져 있다.

이 책을 쓴 서유구는 조선 후기의 실학자이자, 농정가農政家이다. 본관은 달성達城, 자는 준평準平, 호는 풍석楓石, 시호는 문간文簡이다. 벼슬은 이조판서, 병조판서, 우참찬, 좌참찬, 대제학을 지냈다. 특히 실학에 조예가 깊었다. 일본에 부탁하여 고구마 종자를 수입하여 재배를 장려하고, 「종저보」, 「경계책」 등 농정에 대한 경론 및 상소문을 써서 영농법營農法의 개혁을 주창했다. 만년에는 전원에 묻혀 농사를 지으며, 『임원경제지』를 저술했다.

[주역註譯]

낚시

낚시釣는 낚싯바늘을 드리워서 물고기를 잡는 도구이다. 낚싯줄은 민綸이라 하기도 하고 륜綸이라 하기도 하는데, 그 바늘을 구鉤라고 한다. 물고기를 유인하는 먹이를 미끼[이餌]라고 한다. 낚싯바늘에는 거꾸로 된 침[미늘]이 하나 있는데, 이를 기餌라 하며, (계로 읽는다.) 다른 말로는 구거鉤距라고도 한다. (이때 거距는 닭의 며느리발톱이다.)

『회남자』에 이르기를 미늘이 없는 낚싯바늘로는 물고기를 낚을 수 없다.[1] 미늘의 형태는 닭의 며느리발톱 같은데, 무릇 칼날이 거꾸로 찌를 수 있도록 되어있는 것을 대개 거距라 한다. 물고기가 삼킬 때는 순하게 들어가지만, 뱉으려 하면 거슬리게 된다.(『화한삼재도회和漢三才圖會』에 나온다.)

찌(범자, 泛子)는 갈대나 기장 줄기를 1~2촌寸[2]을 사용하는데, 낚싯줄에 매달아 수면에 띄워 놓는다. 대개 물고기가 미끼를 머금으

주1) 미늘이 없는 낚싯바늘로는 물고기를 낚을 수 없다無鐖之鉤, 不可以得魚라는 말은 실제로 『회남자』에서는 발견되지 않는다. 다만 중국 송나라 때, 정도丁度란 사람이 만들다만 책을 사마광司馬光이 완성한 『집운集韻』이란 사전에 나오는 말이다. 『강희자전』에 따르면 『회남자 제속훈淮南子 · 齊俗訓』에는 "무릇 명장이 연계를 만들 때工匠之爲連鐖"라는 말이 나오는데, 이것이 청나라 때 고유高誘의 주석에 따르면 "연계는 계가 나온 것이다連鐖, 鐖發也"라 한다 했다.
주2) 1촌은 약 3센티미터이다.

면 찌가 조금 움직이는데, 이때 바로 낚싯대를 들어 올려야 한다. 느리게 하면 미끼만 떼인다. (출전은 위와 같다. 살펴보면 '범자泛子'는 '부자浮子'라 하기도 한다. 송나라 장작莊綽[3]이 쓴 『계륵편鷄肋篇』에 따르면 낚싯줄의 반이 되는 곳에 물억새 줄기를 달아 놓는데, 이를 '부자'[4]라 한다 했다. 그것이 물속으로 들어가면 물고기 입안에 미끼가 들어 있는 것을 안다. 한퇴지의 시에 이르기를 "깃털이 가라앉으니 빠른 속도로 먹은 것을 안다"[5]라 했으니, 당나라 때는 대개 깃털을 띄워 낚시찌로 사용한 것 같다.)[6]

천잠사는 광동에서 난다. 전하는 바에 의하면, 이것은 물속에 사는데, 길이는 약 2장丈[7]이고, 삼현三絃[8] 줄과 비슷하게 누런색이다.

주3) 북송말기 전후에 살았던 사람으로 학문이 깊고 의학에 정통한 사람
주4) 이규경이 쓴 《오주연문장전산고》에는 '부자'라 되어 있는데, 전어지에는 다시 '범자'라 돼 있다. 계륵편 원문에도 '부자'라 되어 있다. 서유구의 글은 필사본으로 전해지는 것이어서 아마 그 오류인 것 같다.
주5) '한퇴지韓退之는 본명이 한유韓愈로 당나라 때 유명한 사상가이자 문인으로 당송8대가 중 한 사람이다. 그의 '독조4수獨釣四首' 중 첫수에 나오는 구절인데, "깃털이 물에 잠기니 급하게 먹은 것을 알겠는데, 낚싯줄이 가늘어서 당겨내기가 힘들 것 같네羽沈知食駛, 繾細覺牽難"라 했다. 서유구가 쓴 《전어지》에는 羽沈知食駛의 마지막 단어가 駿으로 나온다. 둘 다 말馬이 달리듯이 빠르다는 뜻을 가지고 있으나, 두 글자의 사용 용도는 완전히 다르다. 서유구가 착각했는지, 후대 필사본이 틀렸는지는 알 수 없지만, 기존 전어지의 번역(김명년 역, 한국어촌어항협회, 2007)에서 "우침지식준羽沈知食駿"이라 하여 '진秦나라 목공穆公의 준마를 야인野人들이 잡아먹었을 때 벌하지 않고 도리어 접대했더니, 야인들이 전력을 다해 공을 세워 목공이 크게 승리했다'는 주석은 옳지 않다.
주6) 요즘도 민물낚시에서 주로 사용하는 공작 깃털의 대를 이용한 낚시찌가 있다.

강하고 질긴 것이 낚싯줄로 사용하기 충분하다. (출전은 위와 같다.) 참외줄기[9]를 햇볕에 말리면 철선과 같이 질겨서 자르기가 힘들다. 낚싯줄로 사용하는데, 어부들이 가장 소중히 여긴다. (출전은 위와 같다.)

낚싯줄에는 겨릅대黐[10]를 매달게 되는데, 이는 부침浮沈을 일정하게 유지하여 삼켰는지 뱉었는지를 아는 것이다.

무릇 움직이지만 가라앉지 않는 것은 아직 다 삼키지 않았다는 것이니, 이때 갑자기 잡아당기면 낚을 수가 없다. 찌가 가라앉다가 조금 느슨해지는 것은[11] 삼켰다가 다시 뱉는 것인데, 이때 천천히 당기면 이미 늦은 것이다.

그렇기 때문에 반드시 잠길락 말락 할 때 당겨 올려야 한다. 그리고 당겨 올릴 때도 손을 들고 위로 바로 올리면 물고기의 입이 바로

주7) 1장은 약 3미터이다.
주8) 진나라 때부터 내려오는 중국의 고대 악기 중 하나로 3줄로 소리를 낸다.
주9) 이규경의 책에는 같은 인용이지만 오이넝쿨瓜蔞이라 했다. 오이나 참외과 다 과瓜라고 할 수 있는데, 둘 다 넝쿨식물이고 줄기가 질기니 낚싯줄로 사용할 수 있었을 것이다.
주10) 강희자전에는 껍질을 벗긴 삼대라 했다. 낚시찌 용도로 사용한다. 이규경의 「오주연문장전산고」의 「자고희변증설柘姑戱辨證說」에도 '개'는 수수의 고갱이다蜀黍稭也라 했다. 전어지의 기존 번역본에는 짚고갱이라 번역돼 있다. 일반적인 짚의 심만 가지고는 낚시찌로 사용하기 어렵다.
주11) 沈而少縱也, 남구만의 조설에는 있는 문장인데, 전어지에는 빠진 문장이다.

벌어져 낚싯바늘의 끝이 아직 걸리지 않은 탓에 물고기가 입을 쫙 벌리면 마치 서리 맞은 이파리처럼 떨어져 나가 버린다.

그래서 손을 비스듬히 기울여서 마치 빗자루로 비질하듯이 채야 한다. 그러면 물고기가 막 낚싯바늘을 목구멍에 삼킨 직후라, 낚싯바늘의 갈고리(턱)가 목에 걸려 좌우로 요동을 치더라도 점점 더 단단하게 박히게 되고, 그것을 놓치지 않고 반드시 낚게 되는 것이다.

(남약천의 조설에 나온다.)

[원문]

釣

釣設鉤取魚具也。釣線曰緡曰綸。其針曰鉤。以食誘魚曰餌。鉤有逆鋩曰鐖。【音鷄。】一名 鉤距。【距者鷄距爪也。】

淮南子曰 無鐖之鉤 不可以得魚也。鐖形似鷄距 凡刀鋒倒刺 皆謂之距。魚呑之則順 吐之則逆。和漢三才圖會。

泛子 用蘆黍莖一二寸 繫緡下泛水上。凡魚唅餌 則泛子微動 卽急擧竿。緩則失餌。【仝上。按 泛子 亦稱浮子。宋莊綽 雞肋篇云 釣絲之半 繫以荻梗 謂之浮子。視其沒 則知魚之中餌。韓退之詩云 羽沈知食駛 唐世 蓋浮以羽是也。】

天蠶絲出廣東 相傳 此物生水中 長二丈許。似三絃之線而黃色 其强勁堪爲緡綸。【仝上。】

䑸瓜蔓 晒乾勁如鐵線 截之難斷。用爲釣線。漁家 最重之。【仝上。】

綸之有繫蘛也。所以定浮沈 而知呑吐。凡動而未沈也。呑或未盡。而遽抽之 則爲未及。沈而少縱也。呑且復吐。而徐抽之則爲已過。

是以必於 其欲沈未沈之間 而抽之可也。且其抽之也 抗其手而直上之。則魚之口方開。而鉤之末未有所搘。魚順鉤 而張釓。如霜葉之脫條。

是以必側其手勢。若汎篝然而抽之。然則魚方吞鉤於喉中。而鉤乃轉尖於呷裏。左激右觸。必有所捫撒而爬牽焉。此所以必得無失也。【南藥泉釣說。】

[가을]

낚싯대로 꿈을 낚다
– 윤인걸 〈어가한면〉

찬 바위에 앉아 한 마리 걸다
– 겸재 정선 〈한암조어〉

물고기의 머릿수로 세상을 헤아리다
– 학포 이상좌 〈박주수어〉

자료 3 대문장가가 쓴 낚시의 오묘함
– 조설

秋秋秋秋秋秋秋秋秋秋秋秋秋秋
秋秋秋秋秋秋秋秋秋秋秋秋秋秋
秋秋秋秋秋秋秋秋秋秋秋秋秋秋
秋秋秋秋秋秋秋秋秋秋秋秋秋秋
秋秋秋秋秋秋秋秋秋秋秋秋秋秋
秋秋秋秋秋秋秋秋秋秋秋秋秋秋
秋秋秋秋秋秋秋秋秋秋秋秋秋
秋秋秋秋秋秋秋秋秋秋秋秋秋
秋秋秋秋秋秋秋秋秋秋秋秋秋
秋秋秋秋秋秋秋秋秋秋秋秋秋
秋秋秋秋秋秋秋秋秋秋秋秋秋
秋秋秋秋秋秋秋秋秋秋秋秋秋
秋秋秋秋秋秋秋秋秋秋秋秋秋
秋秋秋秋秋秋秋秋秋秋秋秋秋
秋秋秋秋秋秋秋秋秋秋秋秋

낚싯대로 꿈을 낚다

윤인걸尹仁傑 〈어가한면漁家閑眠〉

선비는 벼슬 마다하고 돌아왔으니, 有士歸去辭班聯
푸른 도롱이 푸른 삿갓이 얼마나 가볍나. 綠蓑青蒻何翩翩
새벽에 일어나 낚싯대 쥐고 쪽배를 타고, 晨起持竿乘小船
둥둥 떠서 조수 따라 오르내리네. 泛泛隨潮行沂沿
— 권근權近, 「제어촌시권題漁村詩卷」

바람이 떠 주는 밥을 먹고,
강물 위에서 단잠을 자다

청한淸閑한 하늘에 기러기 두 마리가 날아간다. 그 아래로 우거진 갈대 옆을 두 척의 낚싯배가 지난다. 왼쪽 배에는 낚시꾼이 아예 드러누웠는지 보이지 않고, 오른쪽 배의 낚시꾼은 꾸벅꾸벅 졸고 있다. 조선의 그림이 대개 그렇듯 '노안(蘆雁, 갈대와 기러기)'이 '노안(老安, 늙어서 편안함)'으로 바뀐 것일까. 찻물 끓는 주전자도 김을 내뿜으며 여유로운 시간을 만끽하는 듯하다.

큰 배에 살림살이를 두고 작은 배에서 낚시하며 조는 것을 보니 '범택부가(泛宅浮家, 물에 떠다니면서 살림을 할 수 있는 배)'를 만들어 온 모양이다. 일찍이 남성적인 기백으로 중국 서도書道를 지배한 서예가 안진경顔眞卿이 장지화에게 새 배를 사주겠다고 하자 "나의 소원은 배를 집 삼아 물 위에 살면서 초계苕溪와 삽계霅溪 사이를 왔다 갔다 하는 것이다"라고 대답했다고 한다. 그 후로 얼마나 많은 사람들이 이런 삶을 꿈꾸었던가?

장유는 "그중 어느 배에 현진자가 탔을런가, 범택부가 그 흥취 가장 좋으리라"라고 했고, 정약용은 "재상 자리 탐내던 소진蘇秦 장의

〈어가한면〉, 윤인걸, 16세기 후반, 지본수묵, 43×33.5cm, 개인 소장

張儀 다 싫고, 초계 삽계 찾아가서 고깃배 사기로 하였다"라고 했다. 정약용의 문집 『여유당전서』에는 다음과 같은 글이 적혀 있다.

> "나는 적은 돈으로 배 하나를 사서 배 안에 어망漁網 네댓 개와 대나무 낚싯대 한두 개를 갖춰 놓고, 또 솥과 잔과 소반 같은 여러 가지 섭생에 필요한 도구를 준비하며 방 한 칸을 만들어 온돌을 놓고 싶다. (중략) 부가범택浮家汎宅으로 종산鐘山과 초수苕水 사이를 왕래하면서 오늘은 오계奧溪의 연못에서 물고기를 잡고 내일은 석호石湖 구비에서 낚시하며 또 그다음 날은 문암門巖의 여울에서 물고기를 잡으리라. 풍찬수숙(風餐水宿, 바람을 맞으며 밥 먹고 물 위에서 잠을 자다)하며 마치 오리들처럼 물결에 둥둥 떠다니다가 때때로 짧은 시가詩歌나 지어 스스로 기구하고 서투르며 쓸모없었던 정회를 읊고자 한다. 이것이 내가 바라는 것이다."

19세기 최고의 백과사전 『오주연문장전산고』를 쓴 소운거사嘯雲居士 이규경도 이덕무의 손자답게 한 수 거든다.

> "평생 바라던 것은 먼저 두곡선(荳殼船, 하천이나 못에 띄우는 작은 거룻배

를 말한다. 비슷한 배로는 조봉선烏篷船이 있다)을 한 척 만들고 뜸을 덮어 돌려 매다는 것이다. 그러면 밤이나 낮이나 바람과 파도에 출렁이고 아득한 안개 속에 있게 되는데, 깨고 자는 것이 필요 없다."

모르긴 몰라도 저 큰 배의 기둥 한쪽에는 '장지화가 초삽에 노닌 취미〔張志和苕雪之趣〕'라거나, 원나라 때 시와 그림에 능했던 '예원진이 호묘에 노닌 정취〔倪元鎭湖泖之情〕'라고 쓰여 있을지도 모르겠다. 또는 '부가범택浮家汎宅 수숙풍찬水宿風餐'이나 '황효와 녹효 사이에서 노닌다〔游於黃驍綠驍之間〕'라고 적혀 있을지도 모른다. 황효는 오늘날의 여주 지역, 녹효는 홍천 지역을 말하니 곧 남한강과 북한강을 오간다는 말과도 같다. 그뿐 아니라 배 안에는 천막과 침구를 비롯해 필기구와 서적에서부터 약탕관과 다관茶罐, 밥솥과 국솥 등 갖추지 않은 것이 없으리라. 이 모든 것들은 다산의 「산행일기汕行日記」에도 언급된 바가 있다.

기러기와 함께 하늘 노 저어 가리

낚시하다 말고 낚싯대를 배에 꽂아둔 노인은 꿈을 낚는 중일까? 그렇다면 꿈속의 낚싯대 또한 예사 것이 아니리라. 낚시에 사용되는 찌를 예전에는 부자浮子나 범자泛子라고 했다. 찌를 만드는 재료로는 주로 갈대 줄기〔노경蘆莖〕나 기장 줄기〔서경黍莖〕, 물억새 줄기〔적경荻梗〕, 겨릅대〔할蘇, 껍질을 벗긴 삼대〕, 새의 깃털〔우羽〕을 사용했다.

〈어가한면〉 부분

예로부터 낚시찌는 깃털을 사용하는 것과 갈대류의 고갱이를 사용하는 것, 이렇게 두 가지로 나뉘었다. 춘추전국시대에 편찬된 『여씨춘추呂氏春秋』에 보면 이에 대한 가장 오래된 기록이 있다. "깃털이 있어 움직임을 안다"라고 한 것은 곧 두 가지 중 전자를 말한 것이리라. 또한 성리학의 선구자 퇴지退之 한유韓愈의 「독조獨釣」를 보면 "깃털이 물에 잠기니 급하게 먹은 것을 알겠는데, 낚싯줄이 가늘어서 당겨내기가 힘들 것 같네〔羽沈知食駃 緡細覺牽難〕"라는 구절이 나온다. 당나라 때도 깃털을 낚시찌로 사용했다는 것을 알 수 있다.

갈대류에 관한 것은 북송 말기 의학자 장작莊綽이 "낚싯줄의 반이 되는 곳에 물억새 줄기를 달아두는데 이를 부자라 한다"라고 한 것이 가장 오래된 기록이다.

그림에서는 찌가 낚싯줄의 가운데를 관통하여 매달린 모습을 보니 깃털은 아닌 것 같다. 우리나라 그림 중 낚시를 소재로 삼은 그림에서 깃털로 된 찌를 사용한 것으로 보이는 작품으로는 겸재의 〈한암조어寒巖釣漁〉가 있다. 그림을 보면 낚싯줄이 내려가는 중간에 깃털 같은 게 달려 있는 것을 볼 수 있다. 한쪽 끝만 낚싯줄에 연결된 형태로 〈어가한면〉의 찌와는 또 다른 모습이다.

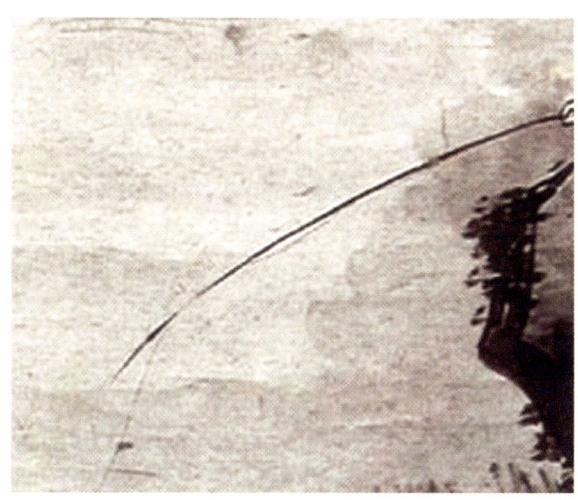

〈한암조어〉 부분

 늙은 낚시꾼은 하루 전에 낚시를 와서 벌써 뜸 속에 들어가 잠을 자고 나오지 않았을까? 새벽 어스름에 다시 낚시를 하러 나왔다가 찻물을 올려놓고는 잠이 다 깨지 않아 꾸벅꾸벅 조는 중일지도 모른다. 낚싯줄이 흔들리지 않는 것을 보니 바람도 한참 자는 것 같다.

 순조 때 빙허각 이씨가 아녀자를 위해 엮은 『규합총서閨閤叢書』에서는 기러기를 신예절지信禮節智의 네 가지 덕목을 갖춘 새라고 말하고 있다. 해마다 어김없이 오고 가니 믿음이요(信), 우두머리를

낚싯대로 꿈을 낚다 · 133

따라 서로 도우며 질서를 지키니 예절이 바른 것이고[禮], 한 번 맺은 짝과 영원히 같이하니 절개가 있는 것이며[節], 무리 중에 보초를 세우고 적의 공격을 알릴 줄 아니 지혜롭다[智]. 이런 '신예절지'가 갈대를 통해서 땅으로 내려온다는 말이다. 갈대는 곧 연륜을 뜻하지 않던가. 늙은 낚시꾼과 갈대가 하나가 되니, 그야말로 물아일체物我一體라 할 만하다.

이 그림에선 배경으로 깔린 갈대와 기러기보다 배와 사람이 더 도드라져 보인다. 주전자에서 피어오르는 따뜻한 김이 한결 고즈넉한 분위기를 연출한다. 갈대 밑으로 떠 있는 개구리밥은 꼭 물과 바람에 떠다니는 부평초 같은 인생을 나타낸 것만 같다. 늙은 낚시꾼은 어느 순간 개구리밥과 갈대, 기러기와도 하나가 된다. 노와 상앗대(배질을 할 때 쓰는 긴 막대. 삿대는 상앗대의 준말)는 배를 밀고 나가는 도구다. 얼핏 세상에서 벗어나 신선놀음을 하는 듯 보여도 노와 상앗대가 있는 걸 보면 아직 세속세계에서 완전히 자유롭지는 않은 모양이다. 신예절지를 다 갖춘 은자라 해도 밥 먹고 차를 즐기는 일은 해야 살 수 있지 않겠나.

그러나 평생 쓴 책이 4,000권이나 된다는 이민구李敏求의 말마따나, 세상 모르게 조는 지금은 "그윽하게 살면서 사물의 뜻을 바라보니, 스스로도 잊고 또한 물고기도 잊어버린" 상태이고, 『가곡원류 歌曲源流』에 시조 한 수를 남긴 엄흔嚴昕의 말대로 "뜻은 이미 물고기조차 잊었는데 하물며 주위에 있겠나?"라 되물을 정도로 유유자적한 한 때이다. 주전자 위로 솟는 김 따라 노인은 기러기처럼 날아오른다. 자연과 하나가 된 늙은 낚시꾼은 꿈속에서 또 무엇을 낚고 있을까?

세상을 버리고 꿈을 낚는 은일군자의 삶

이 그림을 그린 윤인걸尹仁傑은 조선 중기 화가로 파평 윤씨라는 것만 알려져 있다. 중종 때의 인물로 추측된다. 파평 윤씨 문중에 장경왕후 윤씨가 있다. 중종반정 후 중종의 비로 간택되어 왕후가 되었으나 아버지가 연산군의 처남이라는 이유로 재위 7일 만에 쫓겨난 단경왕후 신씨端敬王后 愼氏. 그 뒤를 이어 중종의 계비가 된 여인이 바로 장경왕후다. 같은 문중 사람인 윤인걸은 혹 이 시기에 어지러운 정치 현실을 등지고 은둔을 택한 것이 아닐까?

친척 집안에 왕후가 두 명이나 나왔으니, 같은 파평 윤씨끼리 대윤이니 소윤이니 말도 많았을 것이다. 윤인걸은 그 꼴이 보기 싫어 역사의 뒤안길로 숨어 버린 것일지도 모른다. 가계家系에도 없는 것을 보면 그것이 더 설득력이 있다. 파평 윤씨 가문은 세조의 정비, 성종의 계비 등 조선 초기 왕실의 외척으로 이름을 날린 명문가이다. 왕실과 가까운 외척이 되면 어떤 일을 벌였고, 또 어떤 일에 휘말렸는지 윤인걸은 그 누구보다 더 잘 알았으리라. 그러니 혼란스럽고 속된 세상에서 벗어나 소요유(逍遙遊, 정신적으로 자유무애한 생활)하며 살고픈 마음이 더 간절하였으리라.

  동문수학한 친구 유수劉秀가 후한後漢의 광무제光武帝가 되자 자신의 성姓을 바꾸고 은자가 된 엄자릉과도 같다고 할까. 오죽하면 가문의 뿌리인 성을 바꿔 버렸을까. 엄자릉이 은거했다는 절강성 동노현桐蘆縣 부춘산富春山은 엄릉산嚴陵山이라고도 불린다. 어쩐지 그곳에 가면 이미 신선이 된 엄자릉을 만날 수 있을지 모르겠다는 생각이 든다. 그 옆에서 윤인걸은 낚싯대를 드리운 채 꿈속의 세상을 낚고 있을까? 아니면 벼슬길에 나가지 않고 진흙 속에서 꼬리를 끌고 살겠다 했던 장자처럼 나비의 꿈을 꾸고 있을까? 그러다 온 강에 가을비가 푸르스름 비꽃(비가 오기 시작할 때 성글게 떨어지는 빗방울)으로 떨어지면 깨어나려나.

참고자료

『신당서新唐書』, 「은일전隱逸傳」 장지화, 願爲浮家泛宅 往來苕霅間.
장유, 『계곡선생집谿谷先生集』 제33권 만휴당 십육영晚休堂十六詠, 箇中誰是玄眞子, 泛宅浮家興最長; 정약용, 『여유당전서』 제1집 시문집 제3권 遭臺參, 久恨蘇張貪相印, 已從苕霅買漁舟.
정약용, 『여유당전서』 제1집 시문집 14권 苕上煙波釣 之家記.
이규경, 『오주연문장전산고』, 「어구변증설漁具辨證說」.
정약용, 『여유당전서』 제1집 시문집 22권 산행일기汕行日記.
여불위呂不韋, 『여씨춘추』 이속離俗, 譬之若釣魚, 魚有大小. 餌有宜适. 羽有動靜.
장작莊綽, 『계륵편雞肋篇』, 釣絲之半 繫以荻梗 謂之浮子.
이민구, 『동주선생집東州先生集』 제21권, 魚游鏡面, 花映春池淨, 游鱗穀雨初. 幽居觀物意, 忘我又忘魚; 엄흔, 『십성당집十省堂集』 하권, 意已忘魚況在周.

秋秋秋秋秋秋秋秋秋秋秋秋秋秋
秋秋秋秋秋秋秋秋秋秋秋秋秋秋
秋秋秋秋秋秋秋秋秋秋秋秋秋秋
秋秋秋秋秋秋秋秋秋秋秋秋秋秋
秋秋秋秋秋秋秋秋秋秋秋秋秋秋
秋秋秋秋秋秋秋秋秋秋秋秋秋秋
秋秋秋秋秋秋秋秋秋秋秋秋秋秋
秋秋秋秋秋秋秋秋秋秋秋秋秋秋
秋秋秋秋秋秋秋秋秋秋秋秋秋秋
秋秋秋秋秋秋秋秋秋秋秋秋秋秋
秋秋秋秋秋秋秋秋秋秋秋秋秋秋
秋秋秋秋秋秋秋秋秋秋秋秋秋秋
秋秋秋秋秋秋秋秋秋秋秋秋秋秋
秋秋秋秋秋秋秋秋秋秋秋秋秋秋
秋秋秋秋秋秋秋秋秋秋秋秋秋秋
秋秋秋秋秋秋秋秋秋秋秋秋秋

찬 바위에 앉아 한 마리 걸다

겸재謙齋 정선鄭敾 〈한암조어寒巖釣魚〉

가느다란 낚싯대는 시냇가 바위 위에 있고, 籤籤釣竿溪上磯
석양 볕 한 면이 도롱이를 비치네. 斜陽一面照蓑衣
이 늙은이는 호량객에게 부끄럽게도 斯翁少媿濠梁客
노는 고기 잡아서 버들가지에 꿰어 간다네. 奈把游魚貫柳歸
— 이산李祘, 「서천조어西泉漁釣」

가을비 맞으며 대물을 기다리다

빗물에 미역을 감은 바위가 머리칼을 털며 움직일 것만 같다. 가파른 절벽에 매달린 소나무와 개울가 큰 바위에 앉은 낚시꾼의 모습이 조화롭다. 저 멀리 가을비에 씻긴 봉우리도 날이 개면 운무를 걷고 그 자태를 드러내리라.

〈한암조어〉는 비 그친 뒤의 청명한 산천을 생생하게 잘 담아내고 있다. 낚시꾼이 앉아 있는 바위와 근방의 절벽이 짙은 색을 띤 것으로 보아 간밤에 비가 흠뻑 내린 모양이다.

원래 주적주적 가을비가 내리면 조선 중기 인조 때의 문신 이식李植의 말마따나 "온 산 가득한 송백도 소리 없이 젖는" 법인데, 장유는 그 풍경을 "다시 푸르기 힘든 풀이 젖는 것을 어쩌랴마는 잠시 붉은 가을꽃을 질투"할 정도라고 표현했다. 장유는 또한 가을비를 "국화꽃 빨리 피길 재촉하는" 것 같다고 했고, 『동문선』을 편찬한 대제학 서거정은 그 때문에 "단풍이 깊어"진다 했으며, 김창협金昌協은 "단풍이 떨어"진다고도 했다.

하지만 빗물은 이익李瀷이 『성호사설星湖僿說』에서 했던 말을 빌자면 "어떤 것에도 아랑곳 않고 다만 돌부리 사이를 휘돌 뿐"이다.

〈한암조어〉, 정선, 제작연도 미상, 지본수묵, 70.3×117.2cm, 국립중앙박물관

가을비가 오면 시인이야 이행의 말처럼 "띳집(띠로 지붕을 이어 지은 집)에 가을비 내리는 여가에는 시 읊조리느라 끼니조차 잊겠지만" 조선 초기 문신 권근의 글에 따르면 낚시꾼의 생각은 전혀 다른 듯하다. "온 강에 가을비 거칠게 푸르면, 푸른 마름과 붉은 여뀌(습지나 냇가에서 주로 자라는 한해살이풀) 있는 고요한 물가에서 도롱이 입고 홀로 앉아 낚시"하고 싶은 마음이 굴뚝같아질 정도니까.

장유는 응당 "앞개울에 가을비 오면 옥 비늘의 살찐 물고기가 있는 것"이라고도 했다. 또한 숙종 때의 문신이자 세도가인 이하진李夏鎭은 『육우당유고六寓堂遺稿』에서 "앞개울에 비가 와서 풍부해졌다는 소리를 들으면 낚시꾼은 낚싯대 하나 들고 푸른 도롱이를 입는"다고 했다. 그만큼 가을비는 일찍이 깊은 시인과 학자들에게 많은 애수를 불러일으켰고 낚시꾼을 낚시터로 불렀다.

가뭄을 끝내는 비가 밤새 온 다음 날이면, 찬 바위는 습해도 낚시꾼이 스스럼없이 앉아도 될 만큼은 말라 있다. 빗물 덕분에 풍부한 산소와 풀씨, 그리고 낙엽에 붙은 벌레나 유충이 상류에서 저수지로 흘러오면 그간 움츠렸던 물고기들은 한바탕 잔치를 벌일 것이다. 조선 중기 문신 박상朴祥은 그 정경을 "비가 새 물을 부어 용담이 넘친다"고 묘사했고, 조선 후기 여항 시인이었던 조수삼趙秀三은

"새 물의 살아 있는 향기에 물고기는 물소리를 어지럽힌다"고도 하지 않던가. 낚시꾼들은 이런 때를 '새 물 진다'라고 한다. 글씨에 뛰어났던 조선 중기 학자 오수영吳守盈의 시선을 빌자면 "저수지에 새 물 져서 이끼보다 푸르면, 두 마리 피라미 멀리서도 스스로 오는" 셈이다.

그림 속 낚시꾼은 수염이나 옷매무새로 보아 상인은 아닌 것 같다. 갓두루마기를 차려입은 것도 그렇다. 옷 주름이 굵은 것을 보니 틀림없이 겹두루마기를 차려입었다. 쌀쌀한 가을 날씨 탓에 두툼하게 껴입고 나왔을 게다.

조선시대 낚시 그림을 보면 대개 낚시꾼들을 강태공姜太公처럼 때를 기다리는 사람이나 엄자릉처럼 은일군자에 비유하는 경우가 많다. 물론 낚시를 즐기는 사람들이 다 세상을 등지고 산 것은 아니다. 임금이든 선비든 상인이든 낚시는 으레 취미로 시작하기 마련.

『조선왕조실록朝鮮王朝實錄』에 의하면 태종의 사위 해평군海平君 윤연명尹延命은 "특별히 성상의 은택을 입고 편안히 부귀를 누리므로 의당 근신해야 함에도 불구하고, 문소전文昭殿에 입번入番할 날에 핑계를 대고 낚시질하려고 문 밖으로 나갔다"는 이유로 귀양을 갔다. 무오사화로 귀양 갔다가 갑자사화로 사사를 당한 무풍군茂豊

君 이총李摠도 양화진에 집을 짓고 낚시를 즐기며 시인 묵객들과 유유자적하며 살았다고 한다.

실록에는 정조 역시 내각 신료들과 낚시를 즐겼다는 내용이 있다. 한 번은 태액지(太液池, 궁궐 내원에 있던 연못)에서 신하들과 낚시를 하는데 정조가 네 마리나 낚아 올렸다고 한다. 그 기록에는 "항상 꽃구경할 때면 낚시를 했는데, 임금님 손수 낚싯대 들고 각로閣老들이 뒤따랐네"라고 쓴 정약용의 시도 덧붙어 있다. 정조 또한 낚시와 관련한 시를 남겼는데 그것이 바로 이 글 서두에 있는 「서천조어西泉漁釣」다.

고려 때의 가정 이곡, 목은 이색부터 조선대의 사가정 서거정, 점필재佔畢齋 김종직金宗直, 고봉高峯 기대승奇大升, 학봉鶴峯 김성일金誠一, 아계鵝溪 이산해李山海, 간이 최립, 백사白沙 이항복李恒福, 교산蛟山 허균許筠, 계곡 장유, 성호 이익, 다산 정약용, 아정 이덕무에 이르기까지 수많은 문인들이 낚시를 주제로 한 글을 남겼다. 조선시대 남인南人의 영수인 미수眉叟 허목許穆은 흐르는 물에서 낚싯대 대신 부드러운 견짓대로 물고기를 낚는 견지낚시에 일가견이 있었으며, 약천藥泉 남구만南九萬은 낚시의 오묘함을 「조설釣說」이라는 글을 써서 남기기도 했다.

물고기를 낚는 기술

 이 그림은 낚시를 소재로 한 조선조의 여타 그림과는 다르다. 그림 속 낚시꾼은 낚싯대를 드리운 채 멍하니 있는 게 아니다. 한 마리 물긴 물었는지, 왼손으로 무릎을 짚고 오른손으론 낚싯대를 틀어쥐어 힘을 조절하고 있다. 두 다리에도 미약한 떨림이 느껴진다. 눈으로는 물 밑의 존재를 쫓고, 앙다문 입술은 '요놈, 내 놓치나 봐라' 하는 의지를 보여 준다. 팽팽한 낚싯줄과 허공에 뜬 깃털찌를 볼 때 이들의 싸움이 만만치 않다는 것을 알 수 있다. 물고기가 솟구치든 낚시꾼이 풍덩 빠지든 양단간에 결정이 날 듯하다. 낚싯대 자루의 각도와 앞부분의 휘어진 모양새만 봐도 둘 사이에 흐르는 긴장감을 짐작할 수 있다.

 기운이 셀수록 힘으로 낚기는 더 어려운 법. 억지로 두 손으로 잡아당기면 더 낭패를 보게 될 것이다. 이럴 때는 힘을 더해 당기기보다는 낚싯대가 가진 탄성을 이용해 물고기의 힘부터 빼는 게 효율적이다. 이내 지친 물고기가 수면으로 올라와 공기를 마시면 이미 게임은 끝이다. 그 다음은 돌 아래 얕은 곳으로 내려가 살짝 끌어올

〈한암조어〉 부분

리면 될 일. 그림 속 낚시꾼은 전문가답게 수순을 밟는 중이다.

낚시찌를 보니 그림 속 주인공은 붕어를 노린 듯하다. 수초는 무성해도 길이가 짧으니 계절은 10월쯤 되겠다. 여울과 바위가 가깝고 수초가 삭아 가는 것으로 보아, 물속에는 펄보다는 모래와 잔돌이 섞인 흙이 깔려 있을 게다. 새 물이 들어오는 곳은 물살이 세기 때문에 바닥에 가깝고 뗏장이 발달한 곳은 모래 성질의 흙바닥이기 마련이다. 이런 자리가 바로 새우나 수생곤충이 몰려드는 가을철 대물 붕어의 명당 포인트다. 붕어는 겨울철에 동면을 하진 않지만 활동이 두드러지게 적어진다. 때문에 가을철에 많이 먹어 두려고 본격적인 사냥에 나선다. 비가 내린 참에 붕어는 먹이가 많은 이곳을 찾았을 테고, 낚시꾼은 그 틈을 노려 한 마리 걸었을 것이다.

헌데 이 낚시꾼은 고기를 담아갈 대나무 다래끼를 가지고 오지 않았다. 뒤편에 있어 안 보일 수도 있지만, 아무래도 이 낚시꾼은 대물 한 마리 걸면 버들가지나 갈대에 엮어 가면 되는 그런 낚시꾼이다.

저 너머 어딘가에 더 무엇이

비 갠 어느 가을날, 겸재는 낚시 삼매경에 빠진 사람을 산수와 함께 화폭에 담았으리라. 낚시꾼과 물고기의 줄다리기를 통해 삶의 긴장을 표현한 것으로 보아 은둔군자를 나타내려 했던 건 아닌 듯하다. 그랬다면 그림에 어떤 화제(畵題, 그림 위에 쓴 시문)라도 달아서 넌지시 뜻을 알려주었을 것이다. 제법 큰 그림을 소경산수小景山水처럼 그려 놓았다. 얼핏 보면 낚시꾼 또한 바위의 일부분 같다. 긴박한 상황 속에서도 흔들리지 않는 우직함이 막 솟구쳐 오르는 찬 바위처럼 보이기도 한다.

예로부터 선비들에게 찬 바위는 각별한 대상이었다. 정약용은 여러 차례 "찬 바위가 세상의 자질구레한 온갖 이야기를 한다"라고 했다. 그 속에는 세상을 질타하는 말도 있어, 찬 바위가 이르기를 "양산 그늘에 큰 도둑놈 많고, 목탁 소리 속에 진짜 중은 드물다"라고도 했다. 찬 바위는 한 자리에 굳어 석불처럼 세상사를 보아왔고, 또 찬물을 끼얹듯 지식인들을 깨이게도 했던 것이다.

골짜기에 드리워진 옅은 구름은 바위의 한숨 같다. 『금오신화金鰲新話』를 쓴 김시습金時習의 시처럼 "찬 바위에는 풀과 나무 깊은데" 개울 옆으로는 교목이 낮게 자라 먼 데 산을 볼 수 있게 한다. 산은 오히려 조그맣다. 감성이 풍부했던 겸재는 율곡栗谷과 우암尤庵의 학풍을 이어받은 만큼 "단풍 바위에 가을빛이 선명한데, 맑은 서리 살짝 내리니, 절벽이 참으로 비단 빛이네, 찬 바위에 홀로 앉아, 집 생각 잊어버렸다"라고 한 스승 율곡의 문장도 떠올렸을 것이다. 바위만 보고도 집을 잊어버릴 정도인데 하물며 물고기 한 마리 걸었으니 더 무슨 생각이 필요하랴.

두보杜甫의 시를 만 번이나 읽었고 시를 쓸 때는 단 한 자라도 가볍게 여기지 않았다는 이안눌李安訥은 덕유산 서북의 녹동麓洞 입구를 "골짜기로 흘러오는 고운 물은 시리도록 맑은데, 빠르게 굽이쳐서 흐른다. 폭포처럼 떨어지는 것은 아니나, 아래에서는 돌과 부딪히며 맑은 소리를 내고 있다. 위에는 큰 돌이 있는데, 선 것 같기도 하고 웅크린 것 같기도 하고, 기울어진 것 같기도 하고 바르게 선 것 같기도 하다"고 추켜세우기도 했는데, 이 그림을 들여다보면 정말 녹동 속으로 빨려 들어갈 것만 같다.

 아마 저 낚시꾼은 겸재의 오랜 벗으로 찬 바위와 구름, 계수나무와 단풍나무가 아련한 곳에서 낚시를 즐기며 사는 친구가 아닐까. 자유분방하게 조선의 시대를 살았던 권필權韠의 말처럼 "백년의 덧없는 세상은 한바탕 한단의 꿈이니, 얻고 잃음이란 모름지기 꿈속에서나 보이는 일일세. 가을 물이 시내에 가득하고 산에는 가랑비 내리니, 이곳에 와서 낚싯대 한번 잡아 보면 어떠리"라고 부르고 있는지도 모른다.

참고자료

이식, 『택당집澤堂集』 속집2권, 次韻贈鍾英禪師, 滿山松檜濕無聲; 장유, 『계곡집谿谷集』 제30권 秋雨夜坐, 任沾衰草難回綠, 定妬寒花暫駐紅; 장유, 『계곡집』 제27권 秋雨, 應催菊花發; 서거정, 『사가집四佳集』 제40권 晚吟, 楓老深秋雨; 김창협, 『농암집農巖集』 제2권, 固城途中, 秋雨壞丹楓; 이익, 『성호사설』 제28권, 濺濺石溜, 颯颯秋雨中, 淺淺石溜斜; 이행李荇, 『용재집容齋集』 제7권, 次直卿韻, 茅齋秋雨餘, 吟詠忘食事; 권근, 『양촌집陽村集』 제6권, 舟中細雨, 一江秋雨碧踈踈, 綠蘋紅蓼汀洲靜, 安得被蓑坐釣魚; 장유, 『계곡집』 제33권, 沙溪先生養性堂十詠, 前溪秋雨玉鱗肥; 이하진, 『육우당유고』 제3책, 雨後, 聞道前溪得雨肥, 一竿漁子綠簑衣.

박상, 『눌재집訥齋集』 제4권, 登彈琴臺, 雨添新水漲龍潭; 조수삼, 『추재집秋齋集』 제2권, 紅蕘庄雜詩, 新水生香魚潑剌, 오수영, 『춘당집春塘集』 제2권, 放魚, 一池新水碧於苔, 兩尾游儵自遠來.

『조선왕조실록』, 「세종 20년」 무오, 9월 19일(경자).

『조선왕조실록』, 「정조」, 부록 정조대왕행장; 『조선왕조실록』, 「정조 19년」 을묘, 3월 10일(신유).

정약용, 『여유당전서』 제1집 제6권, 松坡酬酢 釣魚常在賞花時, 御手持竿閣老隨.

정조, 『홍재전서』 제2권 「춘저록春邸錄」 증인교야사경(贈人郊墅四景, 시골에 있는 별장의 네 가지 경치를 읊어서 남에게 주다).

김시습, 『매월당집梅月堂集』 제11권, 宿龍窟, 小洞雲煙合, 寒巖草樹深.

이이, 『율곡전서栗谷全書』 제2권, 高山九曲歌, 楓巖秋色鮮, 淸霜薄言打, 絶壁眞錦繡, 寒巖獨坐時, 聊亦且忘家.

정약용, 『목민심서牧民心書』 제2권, 淸心, 日傘陰中多大盜, 木鐸聲裏少眞僧. 〔寒巖瑣話云〕

이안눌, 『동악집東岳集』 제10권, 使君溪, 溪壑甚奇, 麗水淸而駛, 其流屈折, 高者爲瀑, 若激雷霆, 下者爲漈, 若鳴璜佩, 上有大石, 嶄然累積, 或立或蹲, 或欹或正.

秋秋秋秋秋秋秋秋秋秋秋秋秋
秋秋秋秋秋秋秋秋秋秋秋秋秋
秋秋秋秋秋秋秋秋秋秋秋秋秋
秋秋秋秋秋秋秋秋秋秋秋秋秋
秋秋秋秋秋秋秋秋秋秋秋秋秋
秋秋秋秋秋秋秋秋秋秋秋秋秋
秋秋秋秋秋秋秋秋秋秋秋秋秋
秋秋秋秋秋秋秋秋秋秋秋秋秋
秋秋秋秋秋秋秋秋秋秋秋秋秋
秋秋秋秋秋秋秋秋秋秋秋秋秋
秋秋秋秋秋秋秋秋秋秋秋秋秋
秋秋秋秋秋秋秋秋秋秋秋秋秋
秋秋秋秋秋秋秋秋秋秋秋秋秋
秋秋秋秋秋秋秋秋秋秋秋秋秋
秋秋秋秋秋秋秋秋秋秋秋秋

물고기의 머릿수로 세상을 헤아리다

학포學圃 이상좌李上佐 〈박주수어泊舟數魚〉

부지런히 그물코 매는 그대가 가련해라. 結網殷勤爾可憐
그대의 뜻은 통발 잇는 데 있지 않은데, 當時意不在忘筌
작은 물고기 눈에 차봐야 어찌 셀 것 있으랴. 纖鱗滿眼何須數
큰 자라 낚아 회 치는 시기를 꼭 기다려야지. 待得巨鼇斫鱠年
— 서거정徐居正, 「어옹거망漁翁擧網」

노비와 승려의 삶을 살았던 화가

미수 허목은 이상좌를 들어 "안견安堅과 이정李楨, 이징李澄과 더불어 산수도의 인재"로 꼽으며, "절예(絕藝, 뛰어난 기예)가 정제되어, 그 극에 달했다"라고 극찬했다. 또한 "인물화는 신묘하다고 일컬어졌으며 (중략) 천고의 절화絕畵였으니 귀신의 묘경(妙境, 말할 수 없을 정도로 경치가 좋은 곳)에 들어가지 않고는 이럴 수가 없다"라고도 했다. 빼어난 문장으로 이름을 날린 간이 최립은 "우리 왕조의 그림은 누가 잘 그렸나, 안견 이후에는 우리 이 장군이로세. 산수의 원근법은 그저 취미인지, 어진을 그리자 임금도 눈물을 흘렸네"라고 극찬했다.

이처럼 예술적으로 뛰어난 재능을 가졌던 학포 이상좌는 「몽유도원도夢遊桃源圖」를 그린 안견과 함께 조선 전기를 대표하는 작가로 손꼽힌다.

민간에 유행하는 이야기를 기록한 『패관잡기稗官雜記』에는 전주이씨全州李氏인 그가 사인士人 이의석李宜碩의 노비였다고 나와 있다. 그러던 것이 출중한 그림 실력을 알아본 중종中宗이 그를 노비 신분에서 면해 주어 화원의 직을 내렸다고 한다. 추정컨대 아마 그는 알 수 없는 사연으로 신분이 추락하여 승려가 된 인물이었을 가능성이 높다. 그의 이름 상좌上佐를 봐도 스님의 제자란 느낌이 강하다.

〈박주수어〉는 소품이기는 하지만 큰 감명을 주는 그림이다. 그림 속의 모든 것이 생생하게 살아 움직이는 것 같다. 사선으로 쭉 뻗은 나무와 활엽수들에서 느껴지는 기백은 예사롭지 않다. 뾰족한 나뭇잎이 정갈한 것으로 보아 단풍나무 같다. 그 기세가 당장 잎이 떨어져도 겨울은 문제없다고 웅변하는 듯하다.

조선 초기 문신 정극인丁克仁이 〈불우헌집不憂軒集〉에서 말한 것처럼 "단풍잎에 갈대꽃 기러기는 구름을 우는데" 그 사이로 어우러진 소나무가 인상적이다. 나무군락에 가려서 잘 드러나진 않지만 멀리 보이는 산자락은 아련한 기분이 들게 한다. 사진기가 있었다면 망원렌즈로 속속들이 들여다보고 싶다. 산등성이와 소나무의 빗금이 교차하는 지점에 한 쌍의 기러기가 방점을 찍듯 하늘을 가른다. 그 아래로 나무줄기처럼 뻗어 나온 쪽배에 앉아 낚시꾼이 무언가를 골똘히 하고 있다. 붓 끝으로 간결하면서도 거침없이 그려 낸 필치에는 조금의 어색함도 묻어 있지 않다.

〈박주수어〉, 이상좌, 15세기 후반, 견본담채, 15.4×18.7cm, 국립중앙박물관

어가한면인가? 박주수어인가?

그런데 이 그림의 제목은 일제 강점기 때 일본인들이 그림 분류 작업을 하면서 〈어가한면漁家閑眠〉이라고 잘못 붙였다. 그림 속 어부는 낚싯대를 세워 두고 돌아앉아 있을 뿐 잠들어 있는 모습은 찾아볼 수 없다. 낚싯대도 낚시를 마치고 배 안쪽에 걸어둔 모습이지 그냥 걸쳐 둔 모습이 아니다. 윤인걸의 〈어가한면〉을 봐도 낚시꾼은 절대 낚싯대를 내버려 두고 잠을 자지 않는다. 그 때문에 "정박한 배 위에서 고개를 떨구고는 잡은 물고기를 헤아리는 장면"이라는, 이원복 미술사학자의 해석은 전적으로 옳다.

다만 그가 이 그림을 〈박주삭어〉라고 부른 것은 이해하기 어렵다. 원래 숫자나 '헤아린다'라는 뜻을 가진 수數자는 '자주'라는 뜻으로 읽을 때 삭으로 읽고 '촘촘하다'라는 뜻으로 읽을 때 촉으로 읽기 때문이다.

민물낚시꾼들이 초크 그물 혹은 초코 그물이라고 하는 것은 맹자의 "촉고 불입오지(數罟 不入洿池, 잔 그물을 작은 연못에 넣지 않으면)" 하면 "어별 불가승식야(魚鼈 不可勝食也, 물고기나 자라를 충분히 먹을 수 있다)"라는 말에서 나왔다. 이때 수를 촉이라고 읽으니 촉고數罟라고 하는 것이고, 노자의 "다언삭궁(多言數窮, 말이 많으면 자주 궁하니) 불여수중(不如守中, 가운데를 지킴만 못하다)"이라는 말에서는 수를 삭이라고 읽어서 삭궁數窮이라고 한다. 그러니 낚시꾼이 물고기를 헤아리고 있는 이 그림의 제목은 〈박주수어〉라고 하는 것이 옳다.

목은 이색의 아버지이자 고려 말의 대학자인 가정 이곡은 「임류수어臨流數魚」라는 시에서 다음과 같이 노래했다.

긴 강은 흰 비단 같아, 가을 하늘을 베껴 놓으니 長江如練寫秋空
굽어보며 시 읊는데 날은 어느새 불그스레하네. 俯瞰吟詩日己紅
물고기 셀 만큼 맑다고 말하면 그만이지 但道游魚淸可數
일일이 손가락으로 꼽는다면 바보나 마찬가지. 區區屈指與癡同

예나 지금이나 강원도의 물은 맑았나 보다. 예로부터 관동팔경의 하나로 꼽혔던 삼척 죽서루의 진경 중 하나가 바로 '임류수어'다. '임류삭어'가 아니다.

원래 배낚시를 가면 강가나 저수지에서 낚시를 할 때보다 물고기를 더 많이 낚는 법이다. 한결 물 맑고 수심 깊은 곳에서 정확한 포인트를 잡아 낚시를 할 수 있기 때문이다. 잡히는 물고기 수도 많을 뿐더러 크기는 말할 것도 없다.

『토정비결土亭秘訣』에 이르기를 "물이 가득한 맑은 강에 물고기는 깊은 데서 논다"라고 하였다. 사가정四佳亭은 "고기가 극히 좋아하는 것은 의당 깊은 물이다"라고 했고, 조선 후기 남명 학파 서계西溪 박태무朴泰茂는 "비 갠 뒤 물고기는 깊은 물에서 뛰어 오른다"라고 했다. 중국 최고의 시인 두보마저도 "물이 깊어 물고기가 정말 즐거워한다" 하지 않았던가.

또한 배낚시를 할 때는 떼고기 조황이 잦다. 물고기가 달려들면 그것들을 낚아서 일일이 통에 담지 않고 비우(뱃바닥에 붙인 두꺼운 널빤지. 간단한 짐을 실을 수 있는 공간) 위에 그냥 던져 놓는다. 그렇게 실컷 잡아 놓고는 배를 돌릴 때쯤에서야 다래끼나 망태기에 담는다. 그림 속 낚시꾼은 강 물살이 거셌는지 기슭에 배를 붙여 두고 고기를 담는 중이다. 아마 잡은 놈들 중에 값어치 있는 물고기가 몇 마리인지 세어 보는 중이리라. 다행히 조황이 썩 나쁘진 않았는지 낚시꾼의 안색이 어둡지 않다. 두 손을 바삐 놀리며 물고기를 주워 담는다. 낚시 자체를 즐긴다면야 굳이 잡은 물고기를 셀 필요야 없겠지만, 저 낚시꾼은 한 마리라도 더 잡아서 내다 팔아야 생계를 이어갈 수 있을지 모른다. 다래끼가 있거나 없거나, 낚싯대는 한쪽에 걸쳐 두고 유유자적하는 것은 고상한 선비들의 몫이다. 산수를 잘 그린 난석蘭石 방희용方義鏞의 〈제월독조霽月獨釣〉를 보면 그런 모습을 확인할 수 있다.

 오른손 밑으로 버성긴 대나무 다래끼가 눈에 들어온다. 얼핏 새끼를 꼬아 만든 망태기처럼 보이기도 한다. 요즘에야 플라스틱으로 만든 아이스박스나 나일론 그물로 짠 살림망 같은 것을 사용하겠지만, 불과 삼사십 년 전만 해도 다래끼는 거의 대나무로 만들었다. 당나라 때 학자인 피일휴皮日休가 "아침에 빈 다래끼 들고 갔다가, 저녁에 가득 찬 다래끼 들고 오네"라고 했던 바로 그 다래끼를 말이다. 그의 친구 강호산인江湖山人 육구몽陸龜蒙은 그림 속 낚시꾼이 탄 것과 같은 작은 쪽배를 '책맹舴艋'이라 했다. 거룻배처럼 노를 젓는 작은 배를 우리는 '마상이'라고 불렀다.

 멀찌감치 강 한쪽으로 물살이 흐르는 것을 보니 낚시꾼은 제법 큰 강에서 낚시를 하고 온 모양이다. 기슭에 쪽배를 대고 배의 흔들림도 잊은 채 물고기를 한 마리, 두 마리 주워 담는 낚시꾼의 굽은 등에서 정이 느껴진다. 어스름 저녁에 물가로 돌아와 "물고기 세는 소리 쪽배 아래 깔리는" 형국이랄까. 영락없는 박주수어泊舟數魚가 맞다. '배를 대고 물고기를 헤아린다'는 말이다. 산이 높은 것을 보니 북한강의 어디쯤인 것도 같다.

배 밑으로 퍼지는 반원의 물결무늬처럼 지금 저 젊은이는 벌써 부모님 입에 구운 고기를 한 점, 두 점 넣어줄 상상을 하고 있을지도 모르겠다. 그 마음까지 잔물결을 따라 다시 그림 밖으로 전해지는 듯하다.

부디 좋은 일들만 깃들기를

큰 바위는 낚시꾼의 굳건한 심지를 보여주듯 각이 선명하고 힘이 넘친다. 하늘로 쭉 뻗은 소나무에서 풍기는 기운도 남다르다. 물고기를 잡아서 호구지책하는 것이 현실이지만 낚시꾼의 의지와 기상만은 범상치 않다는 얘기다.

배 뒷전에는 제법 굵은 채비의 주대(낚싯줄과 낚싯대를 통틀어 이르는 말)가 걸려 있다. 소나무 가지처럼 드리워진 낚싯대와 낚싯줄은 잔챙이나 낚아 쩨쩨하게 살지는 않겠다는 낚시꾼의 정서를 대변한다. 공자孔子는 "군자는 낚시를 하지만 그물질은 하지 않는다〔子 釣以不網〕"라고 했고, 맹자는 "잔 그물을 작은 연못에 넣지 않아야 한다〔數

罟 不入洿池)"라고 했다.

그림의 하단은 빽빽하지만, 상단은 여백이 많다. 그래서인지 허공을 가르는 기러기 한 쌍의 모습이 도드라진다. 그냥 물새로 볼 수도 있지만 두 마리가 날아가는 것을 보면 틀림없이 기러기다. 기러기는 한 번 맺은 짝과는 평생 떨어지지 않는다고 전해지기 때문이다. 전통 혼례에서도 신랑과 신부가 한평생 사랑하며 살라는 의미로 나무 기러기 두 마리를 앞에 두지 않던가.

기러기는 두보를 비롯한 수많은 묵객들이 시에서 즐겨 다루었던 소재다. 늦은 가을 찬바람을 타고 온다 해서 삭조朔鳥, 신의가 깊다고 하여 신조信鳥, 서리를 전한다고 상신霜信, 가을과 겨울 두 계절을 지낸다고 하여 이계조二季鳥라는 별칭도 가지고 있다. 그뿐 아니라 남의 형제를 높여 부르는 말 안항雁行에도 기러기를 나타내는 말이 들어간다. 먼 곳에 소식을 전하는 편지를 뜻하는 안신雁信, 안백雁帛, 안서雁書라는 말에도 등장한다. 좋은 소식에는 기러기가 빠질 수가 없나 보다.

곧 저 젊은 낚시꾼에게도 좋은 소식이 올 것 같다. 예로부터 큰 재목은 끝내는 크게 쓰이는 법이다. 때가 되면 조정으로 출사할 수도 있을 것이다.

참고자료

허목, 記言卷之二十九 下篇. 朗善公子畵貼序. 安堅, 李上佐, 李楨, 李澄山水圖...皆絶畵. 我朝人才. 絶藝其盛. 亦極於此云.; 허목, 記言別集卷之十, 李上左佛 墨草跋 / 李上左佛畵墨草六. 其一. 公子朗善君愛畵求取之. 畵本紙前後皆有之. 共一十二. 自我中, 明以前. 言名於畵者. 顧仁安堅畵山水. 李上左畵人物. 稱神妙. 老人得上左佛畵墨草. 殆千古絶畵. 不得鬼神之妙. 其能此乎. 百代之下. 必有知此畵者. 知愛之也. 重光大淵獻南呂旁死魄眉叟. 書; 최립, 簡易文集卷之八 / 還京錄 / 贈別李楨從鄭夢與令公赴京.
이양재李亮栽, 李上佐의 畵員家系四代考整 격월간 〈韓國古美術〉, 1996년 8월호.
정극인, 不憂軒集卷一, 不憂軒吟. 楓葉蘆花鴈叫雲.
이원복,『나는 공부하러 박물관 간다』, 효형출판. 2011.
토정비결, 水滿淸江 魚遊深水; 서거정徐居正, 四佳詩集卷之二十八 第十六, 次韻李 掌令見寄, 魚曾極樂宜深水; 박세당朴世堂, 西溪先生集卷之四, 石泉錄 下, 南雲路琶潭別墅. 諸公有寄詠者. 次其韻. 晴後游魚出深水; 두보, 가을 들판秋野 5수 중 2번째. 水深魚極樂
피일휴,『奉和魯望漁具十五咏 苓箵』: 朝空答箵去, 暮實答箵歸. 歸來倒却魚,　在幽窗扉.
육구몽,『漁具』詩序: "所載之舟曰舴艋, 所貯之器曰笭箵."
류명천柳命天, 退堂先生文集卷之五 秋蘇齋上樑文, 數魚聲裡小帆低.

자료 3 대문장가가 쓴 낚시의 오묘함

조설

조설은 약천 남구만(1629~1711)의 저작이다. 남구만은 붕당정치의 전성기였던 효종孝宗, 현종顯宗, 숙종肅宗에 걸친 삼조의 대신으로 정치, 경제, 군사, 의례 등 국정 전반에 걸쳐 많은 영향을 끼친 경세가이자 문장가이다. 서인으로서 남인을 탄핵하였다. 우의정, 좌의정을 거쳐 영의정까지 지냈다. 기사환국 후에는 유배되기도 하였다. 시조 "동창이 밝았느냐 노고지리 우지진다…"는 그의 작품이다. 문집에 『약천집藥泉集』이 있다. 「조설」은 남구만이 낙향하여 지내던 중 낚시꾼과의 대화를 통해 또 다른 인생 철학을 깨우친다는 내용을 적은 이야기다.

[주역註譯]

경술년(1670, 현종 11년)에 나는 관직에서 물러나 결성潔城[1]으로 돌아왔다. 집 뒤쪽에 연못이 있는데, 가로 세로는 수십 걸음이고, 깊이는 2미터 정도가 채 되지 않았다. 긴긴 여름날에 할 일이 없으면, 수시

주1) 결성 : 백제 때 결기군結己郡 또는 결사군結巳郡이라 했고, 통일신라 때 결성군潔城郡으로 고쳤다. 고려 때 지금의 한자인 결성結城이 되었다.

로 가서 물고기가 입을 뻐끔 뻐끔하는 것을 보러가곤 하였다.

하루는 이웃 사람이 대나무를 잘라 낚싯대 하나를 만들고, 바늘을 두드려 낚싯바늘을 만들어서 나에게 주고는 잔물결 사이로 낚싯줄을 드리우게 하였다. 나는 오랫동안 서울에 살아서 낚싯바늘의 길이와 너비나 굽은 정도가 어떠해야 하는지를 알지 못했다. 다만 이웃 사람이 선물로 준 것을 고맙게 여겨 하루 종일 낚싯대를 드리웠으나, 한 마리도 낚질 못하였다.

다음 날 다른 손님 한 사람이 와서 낚싯바늘을 보고 말하기를 "물고기를 낚지 못한 것은 당연합니다. 낚싯바늘 끝이 너무 많이 굽어 안으로 향하고 있으니, 물고기가 바늘을 삼키기도 쉽지만 또한 뱉어내기도 어렵지 않습니다. 반드시 끝을 조금 펴서 밖으로 향하게 해야 합니다." 하였다. 그래서 나는 그 손님에게 낚싯바늘을 두드려 밖으로 향하게 만들어 달라고 했고, 또 하루 종일 낚싯대를 드리웠다. 그러나 역시 한 마리도 낚질 못했다.

다음 날 또 손님 한 사람이 와서 낚싯바늘을 보더니, "물고기를 낚지 못하는 것이 당연합니다. 낚싯바늘 끝이 밖으로 향하기는 하였으나 바늘의 굽은 둘레(품)가 너무 넓어서 물고기의 입에 들어갈 수가 없습니다."하였다. 손님에게 부탁하여 낚싯바늘을 두드려 바늘의 품을 좁게 한 다음 또 다시 하루 종일 낚싯대를 드리우니, 겨우 한 마리 잡을 수 있었다.

다음 날 또 손님 두 사람이 왔다. 나는 낚싯바늘을 보여 주고 그간의 사연을 이야기 하였다. 손님 중 한 사람이 "물고기를 적게 낚은 것이 당연합니다. 낚싯바늘을 눌러서 구부릴 때, 반드시 굽힌 곡선의 끝(미늘)이 겨우 싸라기 한 톨 만해야 하는데, 이것은 굽힌 곡선의 끝이 너무 길어서 물고기가 삼킬 수도 없고 틀림없이 토해 내게 생겼습니다."고 하였다. 내가 그 손님에게 부탁하여 낚싯바늘을 두드려 끝을 짧게 한 다음 낚싯대를 오랫동안 드리웠다. 그랬더니 낚싯바늘을 삼킨 놈들이 수차례 있었으나, 낚싯줄을 당겨 올리면 언제나 벗겨져 떨어지고 말았다.

옆의 다른 손님이 그 손님을 보고 말하기를 "낚싯바늘에 관한 말이야 맞지만, 당기는 방법이 빠졌습니다. 대개 낚싯줄에는 낚시찌의 용도로 껍질을 벗긴 삼대인 겨릅대를 매달게 되는데, 이는 부침浮沈을 일정하게 유지하여 삼켰는지 뱉었는지를 아는 것입니다. 무릇 움직이지만 가라앉지 않는 것은 아직 다 삼키지 않았다는 것이니, 이때 갑자기 잡아당기면 낚을 수가 없습니다. 찌가 가라앉다가 조금 느슨해지는 것은 삼켰다가 다시 뱉는 것인데, 이때 천천히 당기면 이미 늦은 것입니다. 그렇기 때문에 반드시 찌가 잠길락 말락 할 때 당겨 올려야 합니다. 그리고 당겨 올릴 때도 손을 들고 위로 바로 올리면 물고기의 입이 바로 벌어져 낚싯바늘의 끝에 아직 걸리지 않은 탓에 마치 서리 맞은 이파리처럼 떨어져 나가 버립니다. 그래서 손을 비스듬히 기울여서 마치 비질하듯이 채야 합니다. 그러면 물고기가 막 낚싯바늘을 목구멍에 삼킨 직후라 낚싯바늘의 갈고리(턱)가 목에 걸려 좌우로 요동을 치더라도 점점 더 단단하게 박히게 되고, 그것을 놓치지 않고 반드시 낚게 되는 것입니다." 하였다.

내가 다시 그 방법을 사용하여 해 그림자 따라 드리우니 서너 마리의 물고기를 낚아 내었다.

손님이 말하기를 "법은 여기서 다하였지만, 오묘함은 아직 모자랍니다."하며 내 낚싯대를 가지고 그 자신이 드리웠다. 그랬더니 낚싯대도 내 낚싯대이고, 낚싯바늘도 내 바늘이며, 미끼도 내 미끼이고, 앉은 자리마저도 내가 앉았던 자리며, 단지 낚싯대를 잡고 있는 손만 바뀌었을 뿐인데, 물고기들이 낚싯바늘을 환영하듯이 위로 올라와 앞다투어 머리를 나란히 하였다. 그래서 그것을 당겨 낚아내는데, 마치 광주리 속에 있는 것을 집어내어 소반 위에 여러 마리

올리는 것과 같아서 손이 쉴 새가 없었다.

    나는 "오묘함이 이 지경에 이른단 말인가, 손님께서는 저에게 가르쳐 줄 수 있겠습니까" 하고 물었다.

    손님이 이르기를,

"가르쳐 줄 수 있는 것은 방법 뿐입니다. 어찌 오묘함을 가르쳐 줄 수 있겠습니까. 만약 가르쳐 줄 수 있다면 그것은 오묘함이 아닙니다. 기어이 한 마디라도 하라고 한다면 이렇습니다. 그대가 나의 방법을 지켜서 아침에도 낚시하고, 저녁에도 낚시하며 온 정신을 다해 그 뜻을 모아 가며, 날이 쌓이고 세월이 오래되도록 익히고 익히면 이룰 수 있습니다. 손이 우선 그 적당함을 찾고, 마음이 그 답을 해결합니다. 무릇 이와 같이 한다 해도 그것을 터득할 수도 있고 또는 터득하지 못할 수도 있습니다. 혹은 그 미묘한 것까지 깨달아 그 지극한 데에 이를 수도 있습니다. 또한 그 하나를 깨닫고 두세 가지는 못 깨달을 수도 있으며, 혹은 하나도 알지 못하여 스스로 의혹을 가질 수도 있습니다. 또 혹은 황홀하게 스스로 깨닫기는 하지만 깨닫게 된 까닭을 자신이 알지 못할 수도 있으니, 이 모두는 그대 자신에게 달려있는 것입니다. 이런 까닭에 내가 그대에게 말하는 것을 여기에서 그치는 것입니다" 하였다.

이에 내가 낚싯대를 던지고는 "손님의 말씀이 참으로 훌륭합니다. 이 도道를 받든다면 어찌 낚시에만 쓰이겠습니까? 옛사람이 이르기를 '작은 것으로 큰 것을 비유한다[小可以喩大]' 했으니, 어찌 이와 같은 종류가 아니겠습니까?"라 감탄하였다.

손님은 이미 가 버린 다음이라 그 말을 기록하여 스스로 살피는 바이다.

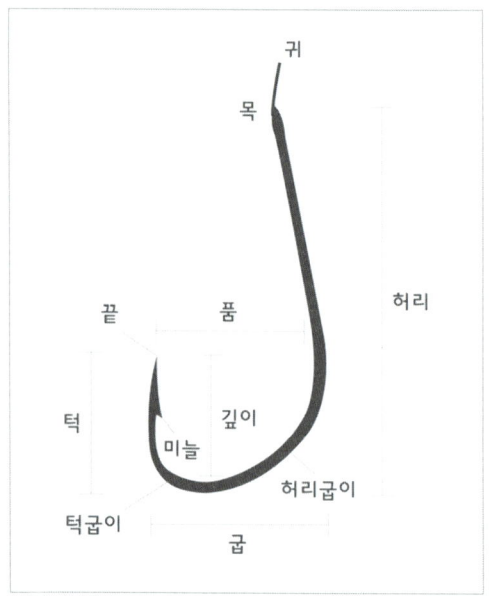

낚시바늘 명칭도

〈남구만 초상화〉, 견본담채, 163.4×85cm, 국립중앙박물관 보물 1484호

[원문]

釣說

歲庚戌余歸田潔城。家後有池。縱廣數十武。而深淺六七尺以下。余長夏無事。輒往見噞喁之鱴鱴。一日隣人斫竹一竿。敲鍼爲釣以贈余。使垂綸於漣漪間。余在京師久。未嘗知釣鉤長短闊狹彎曲之度如何。以隣人之贈爲善也。垂之竟日。不得一鱗焉。明日有一客來見鉤曰。是宜不得魚也。鉤之末太曲而向內。魚吞之雖易。吐之亦不難。必使其末少偃而向外乃可。余使客敲而向外。又垂之竟日。不得一鱗焉。明日又一客來見鉤曰。是宜不得魚也。鉤之末旣向外而曲之圈且太闊。不可以入魚之口矣。余使客敲而窄其圈。又垂之竟日。纔得一鱗焉。明日又二客來。余示以鉤。且語之故。其一客曰是宜得魚少也。鉤之抑而曲之也。必短其曲尖。使僅可以擘粒。此則曲尖太長。魚吞之不沒。必且吐矣。余使客敲而短其尖。垂之良久。吞鉤者屢矣。然引綸而抽之。或脫而落焉。旁一客曰彼客之言。於鉤也得矣。於抽也遺矣。夫綸之有繫 也。所以定浮沈而知吞吐。凡動而未沈也。吞或未盡。而遽抽之則爲未及。沈而少縱也。吞且復吐。而徐抽之則爲已過。是以必於其欲沈未沈之間而抽之可也。且其抽之也。抗其手而直上之。則魚之口方開。而鉤之末未有所撝。魚順鉤而張齦。如霜葉之脫條。是以必側其手勢。若汎篝然而抽之。然則魚方吞鉤於喉中。而鉤乃轉尖於呷裏。左激右觸。必有所捆擻而爬牽焉。此所以必得無失也。余又用其法。垂之移晷。得三四鱗焉。客曰法則盡於是矣。妙猶未也。取余竿而自垂之。綸余綸也鉤余鉤也餌余餌也。坐之處又余處也。所易者特持竿之手耳。魚乃迎鉤而上。騈首而爭先。其抽而取之也。若探之於筐而數之於盤。無留手焉。余曰妙蓋至此乎。此又可以敎余乎。客曰可敎者法也。妙豈可敎也。若可敎也。又非所謂妙也。無已則有一說。子守吾之法。朝而垂之。暮而垂之。專精積意。日累月久而習習而成。手且適其適。心且解其解。夫如是則或可以得之。與。其未得之與。或可以達其微而盡其極與。悟其一而昧其二三與。其或一未有所知而反有以自惑與。其或怳然自覺而不自知其所以覺者與。此則在子吾何與焉。吾所以告子者止於此矣。余於是投竿而歎曰善夫。客之言也。推此道也。奚特用於釣而已哉。古人云小可以喩大。豈若此類者非耶。客旣去。識其說以自省焉。

[겨울]

비 갠 밤, 달 아래 홀로 앉은 낚시꾼
— 난석 방희용 〈제월독조〉

차가운 저녁 강에서 돌아갈 줄 모르고
— 겸재 정선 〈한강독조〉

하늘과 저녁과 강과 눈
— 긍재 김득신 〈강천모설〉

눈 내린 찬 강에서 홀로 낚시하다
— 호생관 최북 〈한강조어〉

비 갠 밤, 달 아래 홀로 앉은 낚시꾼

난석蘭石 방희용方羲鏞 〈제월독조霽月獨釣〉

비갠 뒤 맑은 바람 물 위로 불어오고, 光風來兮水上
갠 달빛은 물속에도 비친다. 霽月印兮波心
— 김성일金誠一, 「학해부學海賦」

물에 씻긴 달처럼 깨끗한 마음이여

갓벙거지(갓모자 위가 벙거지처럼 둥근 갓) 쓴 은일군자가 노도 삿앗대도 없이 텅 빈 거룻배에 홀로 앉아 졸고 있다. 날이 추운지 솜두루마기만큼은 두툼하니 껴입었다. 풍채나 맵시로 보아 부유한 사람 같다. 낚싯대를 들었으나 곁에는 다래끼 하나만 놓였을 뿐이다. 비 갠 뒤 모습을 드러낸 달빛이 은은하다.

조선시대의 그림 속 대나무 낚싯대를 보면 요즘과 달리 낚싯줄을 초릿대 끝이 아닌 대나무 마디 한 칸 뒤에 묶은 것을 볼 수 있다. 그 때문에 물고기가 물면 주대를 한꺼번에 잡아서 채고 당겨야 했다. 당시에는 초릿대 끝에 낚싯줄을 묶어 물고기를 낚을 만큼 튼튼한 채비를 만들지 못했기 때문이다.

낚싯줄은 한자로 민縉이나 윤綸이라 했는데, 명주실을 세 겹으로 꼬아서 만들었다. 이때 윤은 굵은 실 또는 솜이라는 뜻을 가졌으니 두꺼운 낚싯줄을 말하는 것이고, 민은 낚싯대에 매어둔 실을 말한다. 중국 청나라 때 출판된 『강희자전康熙字典』에는 "누에가 한 번 뱉은 실을 홀忽이라 하고, 열 홀이면 사絲가 된다. 그리고 멱糸은 다섯 홀이다"라고 했다. 그러니 1사絲는 2멱糸이다. 갑골문을 보면 사

〈제월독조〉, 방희용, 제작연도 미상, 지본담채, 23.2×32.3cm, 간송미술관

絲는 실을 꼰 모습이다.『시경詩經』에서도 "낚싯줄은 뭘로 하나? 명주를 꼰 줄로 하지"라고 했다.

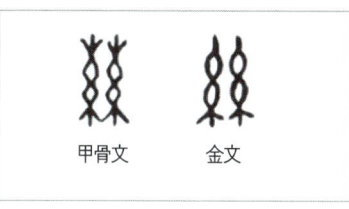

갑골문과 금문

조선 후기의 학자 이규경이 쓴 책『오주연문장전산고』에는 "옥수수 덩굴이나 등나무 속껍질 같은 것도 사용했다" 하고, 일본 에도시대 백과사전인『화한삼재도회』를 인용하여 "오이 넝쿨을 말리면 철사와도 같아 자르기가 어렵다. 낚싯줄로 쓰는데 낚시꾼이 가장 귀히 여기는 것이다"라고도 했다. 서유구가 쓴『전어지』에는 "중국 광동에서 나는 천잠사天蠶絲"라는 실이 가장 좋다고 했다.

그림을 보면 막 입질이 왔는지 낚싯대의 앞줄이 흔들린다. 하지만 낚시꾼은 꿈쩍도 않는다. 저러다가 입질이 세져서 낚싯대가 휘어지면 퍼뜩 놀라 허둥댈지도 모르겠다. 물살의 흐름을 보니 배경은 강이다. 갈댓잎이나 옷자락이 정정한 걸 보니 바람도 불지 않는 모양이다. 갈대숲 한쪽에 묶어 놓은 배 앞의 물살도 제법 세다. 빗물 때문에 강이 많이 불었나 보다. 저 멀리 언덕배기는 희끄무레하다. 달덩이도 아직 제 모습을 다 드러내지는 않은 듯하다. 「조의제문弔義帝文」을 쓴 김종직은 다음과 같이 달을 노래했다.

울안에 갇혀 언제고 떨쳐 날지 못함을 한하며, 樊籠每恨奮飛難
제월광풍의 기상을 꿈속에서도 생각하네. 霽月光風夢想間

여기서 제월霽月은 비나 눈이 멈춘 뒤에 나타난 달을 말하고, 광풍光風은 비 온 뒤 처음 부는 바람이다. 빗물이 대기를 말갛게 씻은 뒤에 내려앉는 달빛은 한결 선명하다. 거칠 것 없는 자리에 부는 바람 또한 마찬가지. 비가 갠 뒤의 달과 바람처럼 청명한 마음가짐과 아집 없는 인품을 노래한 시다.

제월광풍이라는 말은 본래 북송北宋의 시인이자 서가書家인 황정견黃庭堅이 「염계시서濂溪詩序」에서 주자周子의 높은 인품을 묘사하여 "흉금이 시원하기가 마치 맑은 바람에 달이 씻긴 듯하다 胸中灑落 如光風霽月"라고 한 데서 온 말이다. 예전에는 뛰어난 인품을 "맑은 물의 부용清水芙蓉"이나 "맑은 바람에 씻긴 달光風霽月"에 즐겨 빗대었다.

정약용 또한 "사대부의 마음 씀씀이는 광풍제월과 같이 털끝만큼도 가린 곳이 없어야 한다. 무릇 하늘에 부끄럽고 사람에게 창피한 일을 범하지 않으면 저절로 마음이 넓어지고 몸도 따라가서 호연지기浩然之氣가 있게 되는 것이다. 만약에 포목 몇 자, 돈 몇 푼에 잠깐이라도 마음을 저버리면 그 기운은 바로 사라져 버린다. 이것이 사람과 귀신을 나누는 관건이다"라고 했다.

'제월'이라는 이름은 우리나라 곳곳에서 찾아볼 수 있다. 면앙정仰停 송순宋純이 후학을 기르던 곳의 지명이 담양군 봉산면 제월리이며, 소쇄원瀟灑園의 내원이 제월당이다. 가야산 19경 중에는 제월담이 있으며, 대전시 대덕구에도 신임사화로 유배되어 죽을 때까지 소신을 버리지 않았던 제월당 송규렴宋奎濂이 지은 제월당이 있다. 또한 조선 전기 문신이자 성리학의 대가인 일두一蠹 정여창鄭汝昌이 안음 현감 시절에 금천에 지은 광풍루와 제월당도 있다.

그림 속 '제월'이 뜻하는 바는 이렇듯 남다르다. 또한 그 아래에서는 숨길 수 있는 것이 많지 않으리라. 오로지 달빛 아래 떳떳할 수 있게 마음을 거울처럼 갈고 닦아야 할 일이다.

거리낌 없는 삶의 모습을 그리다

추사의 문하에서 글씨를 배운 난석 방희용은 후한 때 성행한 글씨체인 예서, 곧 한예漢隸에 매우 가깝다는 평가를 받았다. 그는 손가락으로 쓰는 지예指隸에도 능했으며, 그림 솜씨도 남달라 많은 이들이 그가 그린 〈묵매도墨梅圖〉 등을 문인화의 본보기로 삼기도 하였다.

온양 방씨는 역관이나 의관을 다수 배출한 가문으로, 19세기 기술직 중인 가문 중에서도 명문가에 속한다. 아버지 방우주方禹疇부터 조부, 증조부, 외조부 심지어는 장인까지도 내의內醫였다.

방희용 자신은 역관으로 중국을 오가며 많은 문물을 보고 배웠다. 또한 김정희 문하에 있었기에 '문자향 서권기(文字香 書卷氣, 문자의 향기, 서책의 기운)'를 중시하는 그림을 그렸다. 그의 그림이 진경산수眞景山水로 대표되던 이전의 예술과 다르다는 평가를 받은 데에는 이런 배경도 작용했으리라.

난석은 〈제월독조〉를 그리며 가까운 정경은 잘 드러냈지만, 먼 곳은 흐릿하게 처리했다. 원근에 따른 공간감은 별로 느껴지지 않는다. 하지만 그렇기 때문에 담백한 풍경 속에서 추운 날에도 꼿꼿

한 낚시꾼과 갈댓잎이 더 확연하다. 속된 것에 구애받지 않겠다는 올곧은 의지가 느껴진다. 적막한 자연 속에서 낚시꾼은 그저 낚시를 할 뿐이다. 세상사 복잡한 것 많아도 오로지 내 길을 갈 뿐. 단지 그때가 아직 이르지 않았기에 달무리는 구름밭은 가르지 못했다.

원나라 4대 문인화가로 소치小癡 허련許鍊의 정신적 종사였던 운림雲林 예찬倪瓚이 말한 '흉중일기胸中逸氣, 마음속의 자유분방한 느낌으로 그림을 그린다 한 것을 알고 있었으며, 또 서예에 관하여 채양蔡襄과 소동파, 미불米芾과 함께 북송사대가의 한 사람인 황정견이 말한 흉중구학胸中丘壑, 즉 마음속에 산과 골짜기를 간직한 사람이 순수한 그림을 그린다는 말도 깊이 깨닫고 있는 화가가 방희용 아닌가.

아마도 난석 방희용은 세상만사를 달그림자에 띄워 보며 혼자 종종 밤낚시를 했을 것이다. 때로는 답답한 심사를 물결에 흘려보내고, 때로는 물고기와 함께 예술적인 영감을 낚아 올리며 그 무엇으로도 가릴 수 없는 보름달처럼 붓을 놀리지 않았을까?

달이 일천一千의 강을 비추듯이, 난석은 지금 그림을 통해 자신의 빛을 사람들에게 전하고 있는지도 모른다. 그렇게 자신을 '난초'와 '바위'처럼 갈고닦았을지 모른다. 달덩이보다 낚시꾼이 더 둥글고

환한 것은 그 때문이리라.

  이제 막 입질이 왔으니, 조는 듯이 앉았다가 화들짝 깨어날 거라는 말이다. 준비는 충분히 되었으니, 금방 깨달으리라는 말이다. 날이 개이기 시작할 무렵을 그린 것이다. 이게 돈오頓悟 직전의 순간을 말하는 게 아닌가. 조금 있으면 달은 완연히 자신의 모습을 드러내고 허공에 떠서 푸른 하늘을 마음껏 비춰댈 것이다. 이런 점에서 완당 김정희에게서 받은 〈세한도歲寒圖〉에다 청나라 문인 16명의 제찬題贊을 받아온 우선藕船 이상적李尙迪이 그의 그림에 남종화의 대가인 '심주沈周의 옛 법이 배어 있다'고 한 말은 정말 옳다.

참고자료

이규경, 『오주연문장전산고』, 「어구변증설」.
『徐鍇曰』一蠶所吐爲忽, 十忽爲絲. 糸, 五忽也.
『시경』 소남召南, 其釣維何? 維絲伊緡; 이규경, 『오주연문장전산고』, 「어구변증설」; 이색, 『목은시고』 제9권, 驪江四絶. 有懷漁父金敬之. , 一竿明月釣絲風.
김종직, 『점필재집佔畢齋集』 제8권, 奉和金觀察使雲峯所寄韻.
정약용, 『여유당전서』 제18권, 又示二子家誡, 士大夫心事, 當如光風霽月, 無纖毫菑翳. 凡愧天怍人之事, 截然不犯, 自然心廣體胖, 有浩然之氣. 若於尺布銖貨, 瞥有負心之事, 卽是氣餒敗, 此人鬼關頭.

冬 冬 冬 冬 冬 冬 冬 冬 冬 冬 冬 冬 冬
冬 冬 冬 冬 冬 冬 冬 冬 冬 冬 冬 冬 冬
冬 冬 冬 冬 冬 冬 冬 冬 冬 冬 冬 冬 冬
冬 冬 冬 冬 冬 冬 冬 冬 冬 冬 冬 冬 冬
冬 冬 冬 冬 冬 冬 冬 冬 冬 冬 冬 冬 冬
冬 冬 冬 冬 冬 冬 冬 冬 冬 冬 冬 冬 冬
冬 冬 冬 冬 冬 冬 冬 冬 冬 冬 冬 冬 冬
冬 冬 冬 冬 冬 冬 冬 冬 冬 冬 冬 冬 冬
冬 冬 冬 冬 冬 冬 冬 冬 冬 冬 冬 冬 冬
冬 冬 冬 冬 冬 冬 冬 冬 冬 冬 冬 冬 冬
冬 冬 冬 冬 冬 冬 冬 冬 冬 冬 冬 冬 冬
冬 冬 冬 冬 冬 冬 冬 冬 冬 冬 冬 冬 冬
冬 冬 冬 冬 冬 冬 冬 冬 冬 冬 冬 冬 冬
冬 冬 冬 冬 冬 冬 冬 冬 冬 冬 冬 冬 冬
冬 冬 冬 冬 冬 冬 冬 冬 冬 冬 冬 冬 冬

차가운 저녁 강에서 돌아갈 줄 모르고

겸재謙齋 정선鄭敾 〈한강독조寒江獨釣〉

첩첩이 쌓인 것은 낚시터 돌이요, 磊磊釣臺石
철철 흘러나오는 것은 낚시터 여울이네. 濺濺釣瀨泉
그 위에 오래 묵은 단풍나무는 上有古楓樹
몇 년을 이곳에 뿌리박았나 託根幾何年
그루와 줄기는 반이나 꺾이고 부러졌지만, 株幹半摧折
오히려 사람들은 그 때문에 사랑한다네. 尙爲人所憐
바위를 당겨 올라 위에 앉고선, 攀援石上坐
구부리고 우러르며 옛 현인 생각하네. 俯仰念昔賢
시대는 달라도 느낌은 같아서 異代感同調
흐르는 물 앞에서 숨 한 번 쉬네. 臨流一喟然
― 김창협金昌協, 「춘일재거春日齋居」

세상사 힘겨워도 한잔 술로 녹이고

 거센 비바람 속에 무슨 일이 있었던 것일까? 무너져 내린 돌무더기 아래 낚시꾼 홀로 오롯이 앉아 있다. 그의 고요함을 지키는 것은 돌무더기 위 나무뿐. 하늘은 잔뜩 찌푸렸고 너른 강 위에는 배가 떠간다. 큰 배의 곁에는 자선子船인 듯 조그마한 배가 붙어 있다. 돛이 두 개 달린 것을 보니 두대박이 중에서도 뱃머리가 삐죽하고 큰 목조선인 만장이보다는 조금 작은 중선重船 정도 되겠다.

 산머리가 하얗게 센 것을 보니 조금 전까지 눈이 하늘 가득 날아다녔나 보다. 그 뒤로 짙은 어둠이 넘실댄다. 조선 후기 문신 이해조李海朝가 『명암집鳴巖集』에 언급한 것처럼 "저녁 눈 차가운 구름은 울창해서 아직 열리지 않았으니" 밤새 눈이라도 더 올 모양이다. 산 너머로 저녁 어스름이 깔리니 그쪽이 동쪽이고 배의 돛이 동남쪽으로 부푼 것을 보니 계절은 북서풍이 부는 겨울이다.

 강 한가운데, 이제 막 뭍으로 배를 돌리고 돛을 올린 배가 가장 늦게 돌아갈 준비를 하는 것을 보면 원하는 만큼 물고기를 잡지는 못했나 보다. 그래도 돌벼랑 중간의 작은 나무는 생활사 고단한 어부들에게 오늘 가서 편히 쉬라는 인사라도 하듯이 손 흔들며 서 있

〈한강독조〉, 정선, 제작연도 미상, 지본수묵, 31.4×32.1cm, 경남대학교박물관

다. 어부는 제일 먼저 술이 생각날지도 모르겠다. 〈고사관수도高士觀水圖〉란 조선의 대표 그림을 그린 강희안姜希顔의 동생이자 세종대왕의 이질이었던 강희맹姜希孟의 말마따나 "가벼운 소금 같은 눈이 살살 내리면 도롱이는 무거워지고 고깃배는 키를 돌려 저어가는 것인데, 돌아가는 마을은 외로워도 주막 깃발은 높은" 법이니까. 해 종일 눈 속을 헤집느라 꽁꽁 얼었던 몸과 마음을 한 잔 술에 녹이고, 취기가 오르면 어깨춤 추며 노래도 한 소절 돌려 부르겠지.

그러나 포구에 이르면 마중 나온 아낙이 있어, 먼저 고기잡이는 어땠는지 물을 것이다. 일반 백성의 삶을 오랫동안 고심해 온 정약용의 말처럼 "만나서 험한 파도와 궂은 날씨가 어떻던가는 묻지 않고, 배에 가득 실은 물고기 담은 통을 보고 얼굴이 편안히 풀리는 것", 이것이 힘겨운 세상을 사는 백성들의 생각이 아니던가.

마음은 일월처럼 맑고 환하여라

하지만 바위에 앉은 낚시꾼은 쉬이 집으로 돌아갈 기미가 보이지 않는다. 임진왜란 때 암행어사로 백의종군하던 충무공 이순신의 무고함을 상소하여 다시 등용케 한 계음溪陰 조팽년趙彭年이 표현한 것처럼 "윙윙 부는 강바람은 특히나 차가운데, 펄펄 날리는 저녁 눈은 어두운 구름 사이에 있으니, 낚시꾼은 홀로 찬 강의 대나무를 잡은 채 물에 비치는 설경을 뒤집어 보는가." 아니면 조선 중기 문신이자 성리학자 김인후金麟厚의 말처럼 "눈가루 펄펄 날려 단갈(短褐, 거친 헝겊으로 짧게 만든 천민들의 옷)을 덮으니, 온몸에 뒤집어쓴" 마치 "흰 양가죽" 같은 옷깃을 여미며 깊은 사색에 잠겨 있을까?

조선시대에 양가죽 옷 입고 낚시할 수 있는 사람이 몇이나 있었을까마는 도롱이에 눈 맞고 앉아 낚시하는 모습이 퍽 인상적이다. 낚싯대는 길어서 끝이 휘어질 법도 한데, 낚시꾼의 절개를 드러내듯 휘어짐 없이 꼿꼿하다.

원래 '양가죽 옷 입고 낚시하던 사람'은 저 유명한 엄자릉을 말한다. 그는 동한東漢의 광무제 유수와 동문수학한 사이로 어릴 때부터 절개와 학식이 높은 것으로 유명했다. 유수가 황제가 되어 그를, 임금에게 잘못을 고치도록 간하는 일을 맡던 간의대부諫議大夫로 삼으려 하자 그만 모습을 감춰 버렸다. 광무제가 사람을 시켜 찾아보게 했더니 "양가죽 옷을 입고 못에서 낚시하고 있다〔披羊裘, 釣澤中〕"고 하였다. 그는 끝내 벼슬을 사양하고 부춘산에 은거하여 동려현桐廬縣

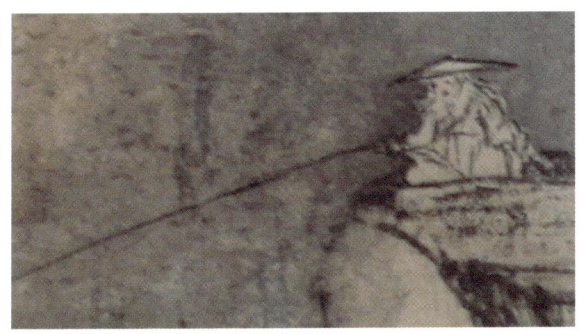
〈한강독조〉 부분

칠리탄七里灘에서 낚시를 즐기며 여든의 나이로 일생을 마쳤다.

　북송의 정치가 범중엄范仲淹은 『엄선생 사당기嚴先生祠堂記』를 지어 "구름 산은 푸르고 넓으며, 강물은 끝없으니, 선생의 풍모는 산처럼 높고 물처럼 길어라"라며 그의 인품과 절개를 칭송했다. 모택동도 "전제 시대에 제왕에게까지도 굽히지 않았고, 도달할 수 없을 만큼 훌륭하다"라고 그를 기렸다. 엄자릉이 은둔한 곳인 중국 절강성 전당강錢塘江 상류에 있는 부춘산은 그의 이름을 따라 엄릉산嚴陵山으로, 부춘강에서 낚시하던 여울은 엄릉뢰嚴陵瀨로 부르게 되었다. 특히 그가 낚시하던 곳은 엄자릉 조어대嚴子陵釣魚台라고 하여 아직도 기념물이 남아 있다. 우리나라 옛 시나 그림에 나오는 '동강조어桐江釣魚'라는 말 또한 그를 기리며 쓴 말이다.

무너진 바위 끄트머리에 앉은 낚시꾼도 낚시꾼이지만 더 눈에 띄는 것은 무너진 바위서리(바위가 많이 모인 무더기)다. 한자어로 뇌뢰磊磊라고 하는데, 뇌뢰락락(磊磊落落, 작은 일에 얽매이지 않을 정도로 마음이 매우 크고 넓음)의 줄임말이다. 대장부의 마음은 이러해야 한다는 말이다.

돌이 몰린 자리에는 물살이 거센 법

무너진 바위산에서는 힘이 느껴지지만 낚시꾼의 말간 얼굴에는 어딘지 모르게 조바심이 비친다. 마치 황현黃玹의 표현대로 "가슴속은 뇌뢰하여 천추가 좁은데, 눈앞 아래는 황급하여 온 세상이 부족하다"고 말하는 것 같다. 조선 중기 문신이자 뛰어난 문장가였던 신흠申欽이 쓴 대로 낚시꾼의 "마음속에 쌓인 것은 천고의 정"이고, 권근의 말을 빌자면 "속에 가득 쌓인 것은 경사의 문자"가 아닐까?

대개 이런 바위 위에는 단풍나무가 자리하고 있다. 미수 허목은 "첩첩이 쌓인 흰 돌이 보이는데, 그 위에 늙은 단풍나무가 있다"라고 노래했다. 그림 속 단풍나무 또한 오랜 풍파를 겪었는지 뿌리가 밖으로 드러나 있다. 다산이 이르기를 "정선은 절벽과 고송을 잘 그리는데, 산수를 그릴 때는 자주 산이나 돌에 주름을 그려 입체감을 나타내는 화법인 준법皴法을 사용하여 순전히 횡점으로 모양을 만들었다"고 했다. 단풍나무 곁의 소나무의 잎은 횡점으로만 그린 듯하다.

  돌무더기 쌓인 곳은 폭이 좁으니 물결이 더 거센 법. 예로부터 "쌓인 돌은 낚시터가 된"다고 했다 "물가에 돌이 쌓여 대臺를 만들면, 그 이름을 침류枕流라 부른다."고도 했다. 침류라는 말은 '수석침류枕石漱流'라는 고사에서 유래했다. 중국 서진 때 사람 손초孫楚가 젊은 시절 속세를 떠나 은거하기로 결심하고 친구인 왕제王濟에게 속을 털어 놓으며 "돌을 베개 삼아 눕고 흐르는 물로 양치질하는 생활을 하고 싶다〔枕石漱流〕"라고 말해야 할 것을 "돌로 양치질하고 흐르는 물을 베개 삼겠다〔枕流漱石〕"라고 잘못 말한 적이 있다. 왕제가 웃으며 실언임을 지적하자 손초는 자존심이 강하여 이렇게 대답했다. "흐르는 물을 베개 삼겠다는 것은 옛날의 은자인 허유許由처럼 쓸데없는 말을 들었을 때 귀를 씻으려는 것이고〔洗其耳〕, 돌로 양치질을 한다는 것은 치아의 때를 갈아서 없애려 함이다〔礪其齒〕"라고. 그 뒤부터 '수석침류'라는 말은 '남에게 지기 싫어하여 사실이 아닌 것을 억지로 고집부리는 것'을 말하기도 하나 보통은 '물가 지역에 은거한다'는 뜻으로 쓰인다. 김시습은 청한자淸寒子를 인용하며 "옛사람이 산림에 살며 '음봉탁간(飮峯啄澗, 봉우리를 마시고 시냇물을 쪼인다)'을 하면 반드시 규범을 정하므로, 당대의 스승이 된다 했는데, 이는 수석침류의 뜻이다."라고 했다.

젊은 겸재도 마찬가지였다. 작은 일에 얽매이지 않고 일월처럼 명명백백한 마음을 가지며, 더러운 말을 들었을 때는 귀를 씻고, 입에서 나올 더러운 때는 돌로 갈아 버리겠다는 다짐을 한 것이다. 이것이 저녁 눈에 도롱이 얼었어도 오롯이 강물에 낚싯대 드리우고 앉은 젊은 낚시꾼 겸재의 다짐이다.

지금까지 전해지는 겸재의 작품 중 가장 이른 시기의 것으로 알려진 이 그림은 조선시대 화가들의 그림 스물여덟 폭을 모은 『홍운당첩烘雲堂帖』에 수록되어 있다. 일제 강점기에 일본에 빼앗겼다가 우여곡절 끝에 다시 우리에게 돌아오기도 한 소중한 겸재의 역작이다. 그래서일까? 땅이 무너진 자리에 솟은 단풍과 그림에도 '찬 바위' 위에 돌부처처럼 버티고 앉은 낚시꾼의 기개가 더 친숙하면서도 애틋하게 느껴진다.

참고자료

이해조, 『명암집鳴巖集』 제4권, 至日. 寄永矢菴. 暮雪寒雲鬱未開.
강희맹, 『사숙재집私淑齋集』 제5권, 瀟湘八景. 擺亞落輕鹽, 蓑重回漁棹, 村孤誇酒.
조팽년, 『계음집溪陰集』 제2권, 江天暮雪, 獵獵江風特地寒, 紛紛暮雪暗雲間, 漁翁獨把寒江竹, 翻作瓊瑤世界看.
김인후, 『하서전집河西全集』 제7권, 雪中. 雪片紛紛被短褐, 滿身渾似白羊裘.
황현, 『매천집梅泉集』 제4권, 季方以近體四首見寄. 依韻和之. 胸中磊磊千秋險 眼底違違擧世貧; 신흠, 『상촌고象村稿』 제8권, 短歌行. 腸頭磊磊千古情; 권근, 『양촌집陽村集』 제10권, 次獨谷韻賀尹代言. 效其體. 撐腸磊磊經史字; 신유한申維翰, 『청천집靑泉集』 제3권, 海槎東游錄(第一) 六月. 腹中磊磊五千言, 仰天一笑仍低眉.
허목, 『기언별집記言別集』 제1권, 楓査. 磊磊見白石, 上有老楓樹.
정약용, 『여유당전서』 제1집 시문집 14권, 題家藏畫帖. 鄭歡號謙齋善 絶壁古松, 爲山水輒用鍼法. 純以橫點成勢.
허목, 『기언별집記言別集』 제1권, 介峽. 磏壑磊磊水層波; 오수영, 『춘당집』 제2권, 四美亭次韻. 士敬. 士元. 疊石終須作釣磯; 성해응, 『연경재전집硏經齋全集』 제55권, 劉希慶. 白大鵬. 卽水涯疊石爲臺, 名之曰枕流.
『세설신어 배조世說新語 排調』: 孫子荊 年少時欲隱, 語 王武子 當枕石漱流, 誤曰漱石枕流. 王曰:'流可枕石可漱乎?' 孫曰: '所以枕流, 欲洗其耳'; 所以漱石, 欲礪其齒.

冬 冬 冬 冬 冬 冬 冬 冬 冬 冬 冬 冬 冬
冬 冬 冬 冬 冬 冬 冬 冬 冬 冬 冬 冬 冬
冬 冬 冬 冬 冬 冬 冬 冬 冬 冬 冬 冬 冬
冬 冬 冬 冬 冬 冬 冬 冬 冬 冬 冬 冬 冬
冬 冬 冬 冬 冬 冬 冬 冬 冬 冬 冬 冬 冬
冬 冬 冬 冬 冬 冬 冬 冬 冬 冬 冬 冬 冬
冬 冬 冬 冬 冬 冬 冬 冬 冬 冬 冬 冬 冬
冬 冬 冬 冬 冬 冬 冬 冬 冬 冬 冬 冬 冬
冬 冬 冬 冬 冬 冬 冬 冬 冬 冬 冬 冬 冬
冬 冬 冬 冬 冬 冬 冬 冬 冬 冬 冬 冬 冬
冬 冬 冬 冬 冬 冬 冬 冬 冬 冬 冬 冬 冬
冬 冬 冬 冬 冬 冬 冬 冬 冬 冬 冬 冬 冬
冬 冬 冬 冬 冬 冬 冬 冬 冬 冬 冬 冬 冬
冬 冬 冬 冬 冬 冬 冬 冬 冬 冬 冬 冬 冬
冬 冬 冬 冬 冬 冬 冬 冬 冬 冬 冬 冬 冬

강, 하늘, 저녁 그리고 눈

긍재兢齋 김득신金得臣 〈강천모설江天暮雪〉

조용히 내리는 저녁 눈 속에 홀로 낚시를 하는데, 獨釣蕭蕭暮雪中
물이 차서 물고기 물지 않는 것을 두려워하랴. 肯怕水寒魚不食
— 이색李穡, 「여강사절驪江四絕」

텅 빈 듯 넉넉한 하얀 흥취여

눈 그친 하늘은 어둡지만 눈 내린 봉우리는 훤하다. 길가에는 인적이 없고 새 한 마리 날지 않는 허공은 그야말로 허허롭다. 흰 벼락처럼 나란히 솟은 산골짜기는 병풍처럼 마을을 둘러싸고 있다.

눈이 그치고 나서 낚시하러 나왔는지 사방이 눈 쌓여 하얀데 오직 하나, 노인의 삿갓 도롱이와 배에는 눈이 쌓이지 않았다. 체로 거른 듯 보드랍게 눈이 내려앉은 강 마을은 한없이 고요하고 안온하다. 산골에 옹기종기 모여 앉은 집들이 정겹다. 눈 덮인 산은 본래 적적한 법이지만 화폭에는 쓸쓸함이 전혀 묻어나지 않고 외려 포근함이 가득하다. 강 위의 낚시꾼은 눈사람처럼 설경의 일부가 된 지 오래다.

시인 정현종 또한 이 그림을 보았을까. 그는 「사람이 풍경으로 피어나」라는 시에서 "사람이 풍경으로 피어날 때가 있다/ 그게 저 혼자 피는 풍경인지/ 내가 그리는 풍경인지/ 그건 잘 모르겠지만// 사람이 풍경일 때처럼/ 행복한 때는 없다"라고 노래했다. 긍재와 정현종 시인은 시대를 넘어 마음이 통한 듯하다.

이 그림의 화제를 보자.

〈강천모설〉, 김득신, 제작연도 미상, 지본담채, 104×57.7cm, 간송미술관

성긴 숲이 푸른 빛 잃고 지나갈 다리도 끊겼으니, 疏林失翠斷經橋
주변이 조용한 황량한 마을에는 저녁이 쓸쓸하네. 境靜荒邨暮寂寥
무슨 일로 삿갓 쓴 늙은이 오히려 홀로 낚시하나, 何事笠翁還獨釣
강은 비어 막막해도 흥취는 두루 넉넉하네. 江空漠漠興遍饒

강 하늘의 저녁 눈, 긍재가 그리다. 江天暮雪, 兢齋寫

   자연의 모든 것들이 제가 가진 빛깔을 잠시 내려놓고 오직 하늘이 보낸 순백의 눈으로 하나가 된다. 천지가 하얗기만 하니 어떻게 보면 싱거울 수 있지만, 어떤 이에게는 깊은 흥취를 느끼게 한다.
   정조는 낚시에도 일가견이 있다고 전해진다. 그래서인지 낚시를 소재로 한 시를 짓기도 하였다. 특히 그가 쓴 「강천모설江天暮雪」이라는 시는 이 그림과 무척 잘 어울린다.

강 구름 막막하여 눈꽃송이 얼어붙고, 江雲漠漠雪華凝
천 길 난간에는 모든 나무 얼었네. 千尺闌干萬木冰
초저녁에 배 띄운 이는 어느 고을 나그네인가, 薄暮放舟何郡客
홀로 도롱이에 삿갓 쓰고 그물 걷지 않는구나. 獨將蓑笠不收罾

우리나라 옛 그림이나 글을 살펴보면 유독 '강천모설'이라는 제목이나 주제를 가진 작품들이 많다. '강천모설'은 중국 호남성湖南省 동정호洞庭湖 남쪽 소강瀟江과 상강湘江이 합류하는 지역으로 소상팔경瀟湘八景 중 하나다.

소상팔경은 중국 산수화의 화제로 땅의 여덟 가지 풍경을 말한다. 이 여덟 가지 풍경에는 아지랑이 피는 산속 누각을 일컫는 산시청람山市晴嵐, 연무에 싸인 산사의 저녁 예불 종소리인 연사모종煙寺暮鐘, 밤비 내리는 소강과 상강을 나타낸 소상야우瀟湘夜雨, 먼 포구로 돌아가는 배와 강가를 말한 원포귀범遠浦歸帆, 평평한 모래밭에 내려앉는 기러기를 일컫는 평사낙안平沙落鴈, 동정호의 가을 보름달을 뜻하는 동정추월洞庭秋月, 저녁놀이 든 어촌의 풍경인 어촌낙조漁村落照, 흰 눈이 강산을 뒤덮은 풍경을 일컫는 강천모설江天暮雪이 있다.

바로 이 소상팔경 이후로 우리나라에도 '단양팔경'이나 '관동팔경'과 같은 곳이 생겨났다. 8八이라는 숫자는 아마도 『주역周易』의 팔괘에서 따온 것이리라.

강천모설에서 강천이란 '강 위로 펼쳐진 넓은 하늘'을, 모설이란 '저녁에 내리는 눈'을 뜻한다. 이 그림은 겨울을 그렸지만 추위와 쓸쓸함보다는 평안하고 조용한 낚시꾼의 정취가 엿보인다. 천지의 모든 자연이 흰 눈을 머금고, 이미 오래 전에 머리카락에도 눈이 내린 늙은 낚시꾼과 교유하는 것 같다.

그러면서 사물에 대한 관찰을 결코 놓치지 않았다. 낚시꾼이 앉은 자리는 정말 제대로 된 명당이다. 겨울 물은 깊은 곳이 따뜻한 법인데, 저렇게 돌이 놓인 자리 부근은 깊어서 물고기가 많다. 날이 추울 때 갈대밭 부근에선 물고기가 잘 낚이지 않는다. 수심이 얕아 물이 차기 때문이다. 반면 물이 따뜻해지는 봄에는 갈대 있는 자리가 명당이다. 얕은 곳에는 볕이 들면 금방 물이 따뜻해지는 탓이다. 이는 긍재가 단순히 생각만으로 그림을 그리지 않았다는 이야기다. 원나라에 맞서 온 몸으로 고려를 지킨 익재益齋 이제현李齊賢의 말처럼 "강 다락에서 한 두루미의 술을 다 마셔 버리며, 도롱이 입은 늙

〈강천모설〉 부분

은이가 낚싯줄을 거둘 때까지 지켜보았"을지도 모른다.

낚시꾼은 추위도 세상도 잊어버린 지 오래다. 삿갓을 쓴 낚시꾼은 이미 낚싯대도 잊고, 물고기도 잊고, 망태기도 잊었다. 낚시를 하려면 굳이 눈 내리는 저녁에 추운 강에 나올 필요도 없겠다. 정조의 말마따나 지금 낚시꾼은 "홀로 도롱이에 삿갓 쓰고 그물 걷지 않"은 채 그저 물 위로 솟은 '찬 바위'처럼 가만히 있을 뿐이다. 설산 앞에서 면벽이라도 하는 것일까? 혹 그대로 강과 함께 얼어버린 것은 아닐까?

얼핏 보면 고요한데, 한 겨울에 저렇듯 고요하기란 쉽지 않다. 저녁 어스름과 함께 더 매섭게 불어 닥칠 바람은 뼛속까지 파고들 것이다. 그렇다면 이 순간, 미동치 않음은 곧 요동침과도 같으리라. 힘 있게 솟은 돌부리와 산처럼 뻗은 나무는 낚시꾼의 안간힘을 응원하듯 다만 굳건하다. 이미 말랐고 얼어붙어 있지만 여전한 강가의 갈대도 지느러미 하나 잃지 않고 세상을 살아가는 물고기처럼 의연하다.

홍진을 등지고 풍속에 다가가다

긍재 김득신은 단원, 혜원蕙園과 더불어 조선 3대 풍속화가로 불린다. 그는 4대에 걸쳐 스무 명의 도화서圖畫署 화원을 배출한 가문 출신이기도 하다. 태어난 가문이 그러하니 듣지 않으려 해도 자연스레 조정의 일들을 보고 듣게 되었으리라. 개중에는 좋은 일도 있고 나쁜 일도 있었을 것이나, 그림을 즐기던 그는 마음만 어지러웠을 것이다.

그의 호 긍재는 '전전긍긍戰戰兢兢'이라는 말에서 나왔다. '전전긍긍'은 원래 중국의 가장 오래된 시가집인 『시경詩經』에 나오는 말로, 몹시 두려워 벌벌 떠는 모양을 나타내는 전전戰戰과 몸을 움츠리고 조심하는 모양을 나타내는 긍긍兢兢이 합하여 만들어졌다. 서주西周 말엽에 군주가 법도를 무시하고 정치를 하자, 신하들이 자신의 안위를 걱정하느라 입 다물고 한탄만 하며 "맨손으로는 호랑이를 잡을 수 없고, 걸어서는 황하를 건널 수 없네, 사람들은 한 가지만 알고 있으나, 다른 것은 아무것도 모르네. 언제나 벌벌 떨고 웅크리면서, 깊은 못가에 있는 것 같고, 마치 살얼음 위를 걷는 듯하네"라고 한 데서 유래한 말이다.

궁재는 그림 속 늙은 낚시꾼의 입을 빌려 이런 말을 하고 싶지 않았을까?

"친구들아 나의 생활 방도를 묻지 말게나, 눈 가득한 찬 강에 고기 낚는 게 업이라네."
— 정약용, 『여유당전서』 중에서

궁재는 세파에 시달리고 싶지 않았을 게다. 그러니 눈 내리는 저녁에도 집에 돌아가지 않고 저렇게 쪽배 앞자리에 앉아 다만 침묵한다. 그 침묵 속에는 일생을 물고기 낚으니 마음이 한가롭고, 물고기나 낚고 사니 시비가 없다고 말한다. 이는 권근權近의 말처럼 "속세에서 벗어나는 일"이며, 학봉鶴峯 김성일金誠一의 말처럼 "신선세계에서 노니는 일"이다.

참고자료

정현종, 『나는 별아저씨』, 문학과지성사, 1995.
정조, 『홍재전서弘齋全書』 제2권.
『시경』「소아편小雅篇」.

冬冬冬冬冬冬冬冬冬冬冬冬冬
冬冬冬冬冬冬冬冬冬冬冬冬冬
冬冬冬冬冬冬冬冬冬冬冬冬冬
冬冬冬冬冬冬冬冬冬冬冬冬冬
冬冬冬冬冬冬冬冬冬冬冬冬冬
冬冬冬冬冬冬冬冬冬冬冬冬冬
冬冬冬冬冬冬冬冬冬冬冬冬冬
冬冬冬冬冬冬冬冬冬冬冬冬冬
冬冬冬冬冬冬冬冬冬冬冬冬冬
冬冬冬冬冬冬冬冬冬冬冬冬冬
冬冬冬冬冬冬冬冬冬冬冬冬冬
冬冬冬冬冬冬冬冬冬冬冬冬冬
冬冬冬冬冬冬冬冬冬冬冬冬冬
冬冬冬冬冬冬冬冬冬冬冬冬冬
冬冬冬冬冬冬冬冬冬冬冬冬冬

눈 내린 찬 강에서 홀로 낚시하다

호생관豪生館 최북崔北 〈한강조어寒江釣魚〉

양보음이란 만가를 긴 휘파람으로 부니, 長嘯梁甫吟
어느 때나 따뜻한 봄을 맞으리. 何時見陽春
그대는 보았는가. 君不見
조가(은나라 수도)의 백정 늙은이 극진 땅을 떠나, 朝歌屠叟辭棘津
나이 팔십에 서쪽 위수 가에서 낚시하는 것을. 八十西來釣渭濱
백발이 맑은 물에 비쳐도 어찌 부끄러우리, 寧羞白髮照淸水
때를 만나면 기운을 토하고 경륜을 생각하거늘. 逢時吐氣思經綸
널리 삼천육백 번의 낚시를 길게 펼쳐 놓으니, 廣張三千六百鉤
풍모와 품격은 모르게 문왕에게 알려졌네. 風期暗與文王親
큰 인물이 호랑이처럼 변하는 것을 어리석은 이들은 알지 못하지,
大賢虎變愚不測
그 당시엔 보통 사람과 같아 보였겠지만. 當年頗似尋常人
— 이백李白, 양보음梁甫吟

아침에 그려 아침밥, 저녁에 그려 저녁밥

조선이라는 봉건사회의 이단아 최북은 돈이나 벼슬, 신분, 어느 하나에도 구애받지 않았다. 그는 "아침에 그림 한 점 팔아 아침밥을 먹고, 저녁에 그림 한 점 팔아 저녁밥을" 먹으며 홀연히 세상을 떠났다.

붓으로 먹고산다는 뜻의 호생관豪生館을 아호로 즐겨 쓴 최북은 조선 후기 화가로, 자는 이름 북北을 둘로 쪼갠 칠칠七七이다. 삼십 대 중반에 일본 외교 사절단인 통신사를 따라 일본에 다녀오기도 한 그는 그림을 잘 그리기로 명성이 자자했다. 병풍과 족자를 들고 와서 그림을 청하는 사람들이 많았는데 바람처럼 소매를 휘둘러 금세 그림을 완성하니 그 모습이 물 흐르듯 했다고 한다.

하루는 양반이 사람을 시켜 그에게 그림을 가져오기를 명했으나 뜻대로 되지 않자 그를 협박했다. 그러자 최북은 "남이 나를 저버리는 것이 아니라 내가 나를 저버린 것이다"라고 하며 자신의 왼쪽 눈을 찔러 멀게 해 버렸다.

그의 그림은 거칠고 칼칼한 그의 성격을 보여 주는 그림이 많다. 특히 조선 후기 실학자이자 기하학자로 아호마저 기하실幾何室이라

〈게와 갈대〉, 최북, 제작연도 미상, 지본수묵, 26×36.7cm, 선문대학교 박물관

했던 류금柳琴은 최북이 손가락 끝으로 그린 그림을 보고 "벽에는 최북의 지두화指頭畵가 보이고, 책상에는 마테오리치의 면각도面角圖가 있다"고 할 정도로 최북의 그림은 날카로웠다.

최북이 언제 태어났는지는 알 수 없다. 대략 1712년 정도에 태어났을 거라 추측할 뿐이다. 최북의 아버지는 떠돌이 화가, 어머니는 기녀였다고 한다. 아버지와 어머니의 재능을 골고루 물려받아서인지 그는 어릴 때부터 시와 그림에 뛰어났다. 산수화를 잘 그려 최산수崔山水, 메추라기를 잘 그려 최메추라기라고도 불렸다.

최북은 힘 있는 자나 형편없는 안목을 가진 사람에게는 그림 값을 바가지 씌우거나 아예 팔지 않았다. 반면 친구나 가난한 사람에게는 그림을 공짜로 주기도 했다. 자기 그림에 대한 자부심 또한 강해서 그림의 가치를 몰라보는 사람 앞에서 아예 자신의 그림을 갈기갈기 찢어버리기도 했다. 그림은 시원찮은데 많은 돈을 주려는 사람에게는 "저 녀석은 그림도 볼 줄 모르는 놈일세" 하고 껄껄 웃으며 돌려보냈다고도 한다.

최북에게는 그림을 그리는 것만큼이나 그림을 이해하고 나누는 것도 중요했기 때문이다. 그런 최북에게 그림 때문에 누군가에게 협박을 받는 일은, 눈 먼 봉사한테 자신의 그림을 한낱 '바꿔먹는

엿'으로 취급당한 것이나 마찬가지리라. 그런 사람들이 '나는 양반입네' 하고 활개를 치는 세상에서 그림을 그린다는 게 더 무슨 소용이랴. 게다가 자기 자신에 대한 실망감도 들어 있었을 터. 지금껏 내가 어떤 그림을 그려왔기에 이 따위 '돌팔이'가 좋아할 정도인가, 하는 분노와 자괴감 말이다.

부평초처럼 떠도는 삶

최북의 그림 〈한강조어寒江釣魚〉에 한시 한 수를 붙인다면 당나라 유종원의 「강설江雪」이 제격이리라.

천 산에 새도 날지 않고 千山鳥飛絶
만 길에 사람 자취 끊겼는데, 萬徑人蹤滅
외로운 배엔 도롱이 삿갓 쓴 늙은이 孤舟蓑笠翁
홀로 낚시하는데, 찬 강에는 눈 내리고. 獨釣寒江雪

이 시는 참으로 많은 사람들에게 회자된 시다. 당송 8대가 중 한 사람인 유종원은 개혁이 실패하여 유배를 가게 되었을 때 이 시를 썼다. 유종원의 시에 감복한 이들은 그것을 수많은 글에 인용했다. 굴원의 「초사楚辭」를 오랫동안 공부한 송나라 엄우嚴羽는 "당나라 사람 중 오로지 유종원만이 소학騷學을 깊게 얻었다"라고 했다. 소학은 이소離騷에 대한 공부이다. 이소란 근심에서 떠나는 것(離憂)이며, 슬픔을 당하여 글을 쓰는 것이고(遭憂作辭), 시름과 이별하는 것(別愁)이다.

유종원이 시로 읊은 것들을 최북은 그림으로 나타냈을지도 모르겠다. 젊은 시절 최북은 금강산 구룡연九龍淵에서 웃다 울다 하며 "천하의 명인이 천하의 명산에서 죽는 것이 마땅하다"며 물에 뛰어든 적이 있다. 돌멩이를 끌어안고 멱라강汨羅江에 빠져 죽은 굴원처럼 세상을 버리고자 했을까. 채석강彩石江에서 달을 건지려다 빠져 죽었다는 전설 속 이백처럼 자신을 적선謫仙이라 생각했는지는 알 수 없다.

끝내 더러운 세상과 담을 쌓으려 스스로 한쪽 눈을 찌른 최북. 광포했던 그의 삶이 이 그림에서는 엿보이지 않는다. 굴원이 '이소'를 통해 이미 세상을 초월했듯이, 유종원이 '차가운 강에서 혼자 낚시하며' 좌절을 이겨냈듯이, 그림을 그리면서 최북은 자신을 휘감았던 좌절과 외로움을 모두 떨쳐버릴 수 있었을까?

이색은 자신의 시가집 『목은시고』에서 이렇게 말했다. "물고기는 부레로 떠다니고, 새는 날개로 떠다니며, 물방울은 공기로 떠다니고 구름과 안개는 증기로 떠다니며, 해와 달은 궤도를 돌며 떠다니고, 별은 매여서 떠다니며, 하늘은 태허(太虛, 큰 허공을 말한다)로써 뜨고, 땅은 작은 구멍으로 떠서 만물을 싣고 억조창생을 지고 다니니, 이렇게 보면 천하에 뜨지 않는 것이 있겠느냐?"

삶이란 본래 떠다니는 것, 부평초처럼 떠다닐지라도 그것이 한 사람의 오롯한 삶이라면 결코 슬프지만은 않을 것이다. 최북은 어쩌면 그림을 통해서가 아니라, 자신의 한 쪽 눈을 없애면서 자신을 짓누르던 세상으로부터 비로소 자유로워졌을지도 모르겠다. 진짜 그의 그림은 여기서부터 시작되었는지도 모른다.

신선이 되지 못한 조선의 기인

그림 속에는 최칠칠이 배의 끝에 앉아 있다. 고단한 몸을 누이려고 뜸도 만들어 두었다. 눈이 내렸는지 뱃전은 새치머리처럼 희끗

〈한강조어〉, 최북, 제작연도 미상, 지본담채, 38.8×25.8cm, 개인 소장

하다. 참으로 많은 것들에 부대끼며 살아왔는지 온몸이 파뿌리 같다. 청나라 중기에 활동했던 8명의 화가, '양주팔괴揚州八怪'에 비견되곤 했던 힘 있는 필치의 또 다른 〈한강조어도〉나 그의 대표작인 〈풍설야귀인도〉 등의 작품들과는 많이 다르다. 아마 이 그림을 보고 조선 후기 경학에 정통했던 실학자 성해응이 최북은 "그림에 뛰어난 재질이 있었는데, 나이가 들어 더욱 면밀하고 공교했다"했을 것이다. 확연히 근심에서 떠났고, 시름에서 벗어난 모습이 보인다.

만물이 얼어붙은 듯 고요하지만 낚시하는 최칠칠만큼은 얼지 않았다. 저 나무들도 봄이 오면 다시 꽃을 피우리라. 찬 눈에도 묻히지 않는 잡풀이 가만히 뒤꿈치를 든다. 마지막 잎사귀는 아직 떨어지지 않았다. 집은 문이 닫혔지만 울안에 솟은 나무 한 그루는 아직 살아서 자라는 중이다. 얼고 눈에 뒤덮여도 생명을 이어가는 나무와 풀들처럼, 서리와 눈비를 맞더라도 내 그림은 시련을 겪어도 내 뜻대로 내어 놓으리라 한다. 깊은 강에 긴 낚싯대 들고 뱃전에 앉았지만, 그가 원하는 바는 이미 물고기가 아니다. 어쩌면 최칠칠은 지금 미늘 없는 바늘로 소경낚시를 하고 있는지도 모른다.

국가에 속한 화원이었지만 자신만의 격조와 의취가 담긴 수작을 여럿 남긴 최북. 그는 고고한 예인藝人의 긍지를 지니고 살다간 기

〈최북선생초상〉, 희원希園 이한철李漢喆, 지본담채, 66×41cm, 개인 소장

인人이자, 조선의 진정한 화가였다. 그렇기에 그가 그림을 통해 우리에게 드리운 낚싯대 앞에서 오늘 우리는 망설일 수밖에 없다. 초릿대를 건네받아 한 세상을 낚아볼 것인가, 아니면 낚싯줄 따라 그림 속으로 영영 들어가 버릴 것인가. 그의 그림을 '멀쩡히 볼 수 있는' 우리가 두 눈 부릅뜨고 이 시대를 더 치열하게 살아가야 하는 이유다.

참고자료

신광수申光洙, 『석북선생문집石北先生文集』 제6권, 최북설강도가崔北雪江圖歌, 朝賣一幅得朝飯, 暮賣一幅得暮飯.

엄우, 『창랑시화滄浪詩話』, 시평, 詩評: "唐人惟柳子厚 深得騷學, 退之, 李觀 皆所不及".

정약용, 『여유당전서』 제1집 시문집詩文集 13권, 「부암기浮菴記」 魚以 浮. 鳥以翼浮. 泡漚以氣浮. 雲霞以蒸浮. 日月以運轉浮. 星辰以維絡浮. 天以太虛浮. 地以塁空浮. 以輿萬物. 以載兆民. 由是觀之. 天下有不浮者乎.

이색, 『목은시고』 제19권, 鏡裏明明鬢上飄.

발문

종종 이런 질문을 받곤 한다. "저 사람을 잘 아는가?" 이런 질문을 받을 때마다 나는 당황한다. 사람을 안다는 것이 어느 정도라야 잘 안다고 할 수 있을까? 더구나 나 자신도 나를 잘 알지 못하는데!

사람을 잘 안다고 하는 기준을 일반적으로 정하기도 어렵겠지만, 특히 안국진에 대해서는 더욱 힘들다. 왜냐하면, 사람이 워낙 다재다능하여 내가 아는 것이 그 전모의 어느 정도인지 가늠하기가 힘들기 때문이다.

안국진은 불문학을 전공하여 프랑스 유학까지 갔다왔는데, 불어보다도 한문을 더 잘하는 듯이 보인다. 어릴 때 할아버지에게 조금 배웠다고 하는 한문에 대한 이해는 전문가 수준이다. 제대로 배웠다면 어떻게 되었을지 상상이 되질 않는다. 여기다가 한의학에 대해 하는 이야기들도 들어 보면 보통 깊이가 아니다. 안과전문 제약회사의 대표도 했고, 중국에 가서 사업하다 몇 개 도시의 경제고문도 맡았다는데, 지금의 직업은 엉뚱하게 《월간 바다낚시》 발행인이다. 정말 엉뚱함의 연속이다.

안국진이 낚시와 그림에 관한 책을 낸다는 것도 엉뚱한 일이지만, 또 어떤 측면에서는 당연하기도 하고, 과연 그다운 일이기도 하다. 세간에 그림에 관한 책도 부지기수이고, 낚시에 관한 책 또한 수없이 많겠지만, 옛 그림을 소재로 하여 낚시에 관한 주제를 풀어낸 책은 보지 못하였다. 낚시 전문가이면서 예술에 조예가 깊고, 한학에도 대단한 식견을 가진 그만이 할 수 있는 일이다. 그러고 보니, 그가 음악과 미술에도 남다른 경지를 갖고 있다는 것을 앞에서 빠트렸군. 살짝 하나 더 첨가한다면, 그는 환경운동에도 상당한 경륜을 갖고 있다.

이 책은 낚시에 대한 전문적인 경륜과 그림에 대한 안목, 거기다가 한학에 대한 식견까지 융합되어 나온 역작이다. 이러한 작업을 해 낼 수 있는 사람은 아마도 한 사람밖에 없지 않을까 싶다.

 '어부'라는 단어에는 한자로 '漁夫'와 '漁父'의 두 가지 표기가 있다. 전자는 직업으로 물고기를 잡는 사람이고, 후자는 취미로 물고기를 잡는 사람이다. 그런데, 후자의 경우 동아시아적 문화 전통에서 취미 이상의 심장한 의미를 함축하고 있다. 여기에 다소 복잡한 내력이 있다.

 먼저, 아주 오래 전에 '어부의 노래'라는 의미의 「어부사」라는 작품이 있었다. 중국 초나라의 굴원이 지었다고 하는데, 굴원이 살았던 시기가 B.C. 300년 전후이니 지금으로부터 무려 2,300년 전에 지어진 작품이다. 그런데, 이 작품에는 두 가지의 대조적인 인생관이 나타나 있어서 후세에 두고두고 회자된 명작이 되었다. 그 두 가지의 인생관이란 바로 굴원과 어부로 대립되는 인생관이다. 굴원은 재능과 도덕성을 겸비한 엘리트였고, 어부는 물고기를 잡으며 이름 없이 살아가는 평범한 사람이었다. 굴원이 정치적으로 패배하여 유랑하던 시절에 어부를 만났다. 어부는 굴원을 보고 자기 정당성에

몰입하여 세상으로부터 스스로를 소외시켰다고 하면서 세상과 어울려 살기를 권유하였다. 이른바; '세상이 진흙탕이면 자신도 그 흙탕물을 함께 일으키고, 세상 사람이 다 취해 있으면 자신은 그 술지게미라도 먹으면서 어울리라' 는 것이었다.

그러나 굴원은 이러한 제의를 받아들일 수가 없었다. 자신은 '새로 목욕을 한 자는 옷을 털어서 입게 마련인데, 어떻게 깨끗한 몸으로 세상의 더러움을 받아들일 수가 있겠는가, 차라리 강으로 가서 몸을 던져 물고기의 밥이 될지언정, 그렇게는 할 수가 없다' 고 하면서 자신의 방식을 고집한다. 어부는 마침내 대화를 포기하고 스스로 노래 한 소절을 부르며 배를 저어 떠나가 버린다.

창랑의 물이 맑으면 내 갓끈을 씻고 滄浪之水淸兮 可以濯吾纓
창랑의 물이 흐리면 내 발을 씻으면 될 것을 滄浪之水濁兮 可以濯吾足

굴원은 지사志士의 전형이요, 어부는 은자隱者의 전형이다. 지사의 눈에 보이는 세상은 모두가 더럽고 타락하여 함께 하기 어려운 존재들이다. 은자는 세상은 흘러가는 하나의 과정인데, 거기에 나를 지나치게 내세우는 것은 서로에게 도움이 되지 않는다고 생각하는 입장이다. 그래서 세속의 시시비비에 휩쓸리기보다는 자연의 근원적인 의미를 찾고 음미하는 것이 더 중요하다고 생각한다. 따라서 '어부'는 고기잡이를 단순히 취미로 삼는 정도를 넘어서, 불필요한 세속적 시비를 떠나 유유자적하며 더 깊은 삶의 의미를 탐구하는 은자적 삶의 태도를 함축하고 있다.

조선시대 윤선도의 「어부사시사」는 이러한 어부적 삶의 태도를 전형적으로 보여 주는 작품이다.

"기러기 떠 있는 밖에 못 보던 강 뵈는구나 / 배 저어라 배 저어라 / 낚시질도 하려니와 취한 것이 이 흥취라 / 찌거덩 찌거덩 어야차 / 석양이 눈부시니 많은 산이 금수 놓였다 (秋詞 4)"

우리말의 아름다움을 한껏 보여준 윤선도의 어부사시사! 여기서 낚시질보다는 취흥에 더 탐닉하고 있는 모습이 여지없이 드러난다. 그의 은자적 태도는 다음 구절에 더욱 잘 나타난다.

"物外의 맑은 일이 어부 생애 아니던가 / 배 띄워라 배 띄워라 / 漁翁을 웃지 마라 그림마다 그렸더라 / 찌거덩 찌거덩 어야차 / 사철 흥취 한가지나 가을 강이 으뜸이라 (秋詞 1)"

외부의 사물에 대한 감각적 집착을 벗어난 세계가 물외物外의 한가로운 흥을 즐기는 세계이며, 그것이 바로 은자로서, 또한 현자로서 어부가 즐기고 추구하는 세계이다. 어부의 생애는 남 보기는 초라하지만 내면은 한없이 충만한 삶이며, 그러기에 그림마다 어부의 삶을 그렸더라는 것이다. 이 책이 주제로 내세운 '낚시와 그림'이 기실 '어부의 삶'을 풀어낸 것에 다름 아닐진대, 이 책을 쓴 안국진은 바로 자신의 삶을 낚시 그림을 통해 대변하고 싶었던 것은 아닐까?

어부의 뜻이 낚시에 있는가, 아니면 다른 그 무엇에 있는가? 송종

원은 이렇게 읊었다. "청강에 낚시 넣고 편주에 실렸으니 / 남이 이르기를 고기 낚다 하노매라 / 두어라 취적비취어取適非取魚를 제 뉘라 알리오"

여기서 '적適'이란 '마음 편안함' 정도의 뜻이지만, 좀더 적극적으로 해석하자면 '멋'이라고 할 만하다. 마음의 편안함과 더불어 어떤 미학적 가치를 함께 추구함을 의미한다. '물고기'라고 하는 외물外物에 탐닉하는 것이 아님을 천명한 것이다. 낚시에 관한 수많은 시문들이 그런 뜻을 펼쳤다. 그것이 동아시아적 맥락에서의 낚시이며 어부이다.

월산대군의 잘 알려진 시조, "추강에 밤이 드니 물결이 차노매라 / 낚시 드리우니 고기 아니 무노매라 / 무심한 달빛만 싣고 빈 배 홀로 오노매라"에서 '빈 배'는 '빈 마음'을 은유한다. 물고기라는 외물에 마음을 비운, 물외의 깊은 뜻을 노래한 것이다. 유명한 시조시인 김천택은 "영욕이 병행하니 부귀도 불관터라 / 제일 강산에 내

혼자 임자 되어 / 석양에 낚싯대 둘러메고 오락가락하리라" 하고 노래불렀다.

  안국진은 낚시에 관한 잡지 발행을 생업으로 삼고, 낚시와 그림에 관한 책까지 내게 되었지만, 그 속마음은 낚시에 있는 것이 아니라, 물외의 그 어느 곳을 꿈꾸고 있는 것이 아닐까? 옛 은자, 현자들이 강호에 은둔하여 낚싯대에 몸을 실어 세월을 지냈지만 지식은 문사철에 환히 통했고 마음은 우주를 소요하였듯이, 안국진은 그야말로 제일강산에 자기 혼자 임자 되어 독보청천하고자 하는 호연지기의 꿈을 담아 이 책을 저술한 것이 아닐까 하고 나 혼자 생각하며 슬며시 미소 짓는다.

이진오(부산대학교 예술문화영상학과 교수)